Entscheidungen des Reichsgerichts.
Herausgegeben von
den Mitgliedern des Gerichtshofes und der Reichsanwaltschaft.

Entscheidungen des Reichsgerichts in Zivilsachen.

Neue Folge.

Dreiunddreißigster Band.

Der ganzen Reihe dreiundachtzigster Band.

Drittes Heft.

Leipzig,
Verlag von Veit & Comp.
1914

Die „Entscheidungen in Zivilsachen" werden in Heften, von denen drei einen Band bilden, sowie in vollständigen Bänden, geheftet und gebunden, ausgegeben.
Einbanddecken werden zum Preise von 1 ℳ 20 ₰ für die Decke geliefert.

Literarischer Anzeiger
zu den
Entscheidungen des Reichsgerichts.

Verlag von Veit & Comp. in Leipzig.

№ 83

Der „Literarische Anzeiger“ erscheint in zwanglosen Nummern und bildet eine unentgeltliche Beilage der Entscheidungen des Reichsgerichts in Zivilsachen und in Strafsachen. Für seinen Inhalt ist ausschließlich die Verlagsbuchhandlung verantwortlich. Preis der einmal gespaltenen Petitzeile 60 ₰.

Metzger & Wittig Leipzig.

versammlung vom 28. April 1909 dem § 29 des Gesellschaftsvertrags zuwiderlaufen und deshalb dem Tantiemeanspruche des Klägers nicht entgegengehalten werden könne. Der Kläger will die Sache so angesehen wissen, als hätte die Generalversammlung beschlossen, aus dem Gewinne für 1907 zu 1079158,19 *M* 4 % des 7500000 *M* betragenden Aktienkapitals, also 300000 *M*, unter die Aktionäre zu verteilen. Daß sie dies nicht beschlossen, vielmehr den Beschluß gefaßt habe, eine Dividende für 1907 überhaupt nicht zur Verteilung zu bringen, sondern den ganzen Gewinn, von 35000 *M* Beamtengratifikationen abgesehen, in Rücklage zu stellen, soll satzungswidrig gewesen sein, weil den Aktionären gemäß § 29 des Gesellschaftsvertrags ein unbedingtes Recht auf 4 % Dividende, nach den erforderlichen Abschreibungen auf die Liegenschaften und nach Ausstattung des Reservefonds, zugestanden habe.

Der erste Richter hat sich dieser Auffassung angeschlossen. Nach seiner Meinung ist § 29 dahin zu verstehen, daß er den Aktionären eine bestimmte Dividende aus dem Reingewinne gewährleistet. Der Bestimmung, daß die 4 % „soweit möglich" zu verteilen seien, gibt er den Sinn, daß sie die an sich selbstverständliche Voraussetzung eines nach Abschreibung auf die Grundstücke und nach Speisung des Reservefonds noch vorhandenen Überschusses habe zum Ausdruck bringen wollen. Anders legt der Berufungsrichter den § 29 des Gesellschaftsvertrags aus. Nach seiner Ansicht bedeuten die Worte „soweit möglich", daß die Generalversammlung ihr pflichtmäßiges Ermessen darüber entscheiden lassen dürfe, ob das Interesse der Gesellschaft, ihre Vermögens- und Geschäftslage, die Verteilung des Gewinnanteils von 4 % gestatte.

Die Auslegung des Berufungsrichters kann Bedenken erregen. Es könnte ihr entgegengehalten werden, daß sie einen durch die Fassung des § 29, insbesondere seiner beiden letzten Sätze, hervorgehobenen Unterschied verwische zwischen der Dividende, auf die den Aktionären ein Recht eingeräumt sei, und der Superdividende, die zur freien Verfügung der Generalversammlung stehe. Das Revisionsgericht würde sich auch an die Auslegung des Berufungsgerichts nicht etwa aus dem Gesichtspunkte gebunden erachten, daß es sich um eine Frage tatsächlicher Beurteilung handle. Denn was in dieser Beziehung das Reichsgericht in Entsch. in Zivils. Bd. 81 S. 117

für Versicherungsbedingungen ausgesprochen hat und was von dem jetzt erkennenden Senat in der Sache Rep. II. 280/13[1] für die Auslegung von Genußscheinen angenommen ist, gilt in nicht geringerem Maße auch für die Satzung einer Aktiengesellschaft. Auch hier handelt es sich nicht um bloß individuelle Rechtsbeziehungen; auf Grund der Satzung vollzieht sich vielmehr der Erwerb der Aktien im Verkehr, der Erwerber muß sich auf ihre einheitliche Auslegung verlassen können und das Reichsgericht darf nicht an etwa widersprechende Auslegungen verschiedener Berufungsgerichte gebunden sein. Das Reichsgericht kann aber im vorliegenden Falle von einer selbständigen Auslegung des § 29 des Gesellschaftsvertrags um deswillen absehen, weil, selbst wenn der Berufungsrichter in seiner Auslegung geirrt hätte und der Auslegung des Landgerichts zugestimmt werden müßte, der Anspruch des Klägers an § 237 HGB. und an § 10 des Gesellschaftsvertrags scheitern müßte.

Es ist richtig, daß an und für sich im Verhältnis des Klägers als Vorstandsmitglieds zu der verklagten Gesellschaft als der Dienstberechtigten in erster Linie nicht die Satzung entschied, sondern der Dienstanstellungsvertrag. Dieser Vertrag nimmt aber in seinem § 5 ausdrücklich auf § 10 des Gesellschaftsvertrags Bezug und gesteht damit dem Kläger 5 % Tantieme nur von demjenigen Gewinnbetrage zu, welcher nach Vornahme sämtlicher Abschreibungen und Rücklagen übrig bleibt. Ganz das gleiche bestimmt allgemein § 237 HGB.: „Wird den Mitgliedern des Vorstandes ein Anteil am Jahresgewinne gewährt, so ist der Anteil von dem nach Vornahme sämtlicher Abschreibungen und Rücklagen verbleibenden Reingewinne zu berechnen." Ein Unterschied zwischen § 237 des Gesetzes und § 10 des Gesellschaftsvertrags tritt nirgend hervor. Überdies ist § 237 HGB. anerkanntermaßen zwingenden Rechtes. Daß sich der Vorstand aber nach § 237 HGB. grundsätzlich alle Abschreibungen und Rücklagen gefallen lassen muß, welche die Generalversammlung nach § 260 HGB. beschließt, folgt klar aus seinem Wortlaut und seiner Entstehungsgeschichte.

Damit ist freilich die Entscheidung noch nicht ohne weiteres gegeben. Der Kläger bestreitet nicht, daß er Tantieme nicht von

---

[1] Vgl. oben Nr. 65.

Rücklagen fordern könne, die zu beschließen der Generalversammlung durch den Gesellschaftsvertrag gestattet gewesen sei. Er beansprucht nur 5 % derjenigen 300000 ℳ, welche nach seiner Meinung die Gesellschaft nach § 29 der Satzung unter die Aktionäre hätte verteilen müssen. Und nach dem oben Gesagten ist dieser letztere Standpunkt einmal als der richtige zu unterstellen. Dann ist der Kern des Streites die Rechtsfrage: bleiben nach § 237 HGB. auch diejenigen Abschreibungen und Rücklagen tantiemefrei, welche von der Generalversammlung satzungswidrig beschlossen sind? Die Frage war für den hier allein in Betracht kommenden Fall, daß eine Anfechtung des satzungswidrigen Beschlusses gemäß §§ 271, 272 HGB. nicht erfolgt oder erfolglos geblieben ist, zu bejahen.

Man könnte dem zunächst entgegenhalten, daß der Kläger, wenn er nicht Aktionär war, sich nicht in der Lage befand, den angeblich satzungswidrigen Beschluß vom 28. April 1909, der die Nichtverteilung irgendwelcher Dividende für 1907 bestimmte, seinerseits anzufechten. § 271 HGB. gibt das Anfechtungsrecht dem widersprechenden Aktionär und dem Vorstande; gründet sich die Anfechtung darauf, daß durch den Beschluß Abschreibungen oder Rücklagen über das nach dem Gesetz oder nach dem Gesellschaftsvertrage statthafte Maß hinaus angeordnet seien, so müssen die Anteile der Aktionäre, die den Prozeß betreiben, den zwanzigsten Teil des Grundkapitals erreichen. Vorstandsmitglied war der Kläger am 28. April 1909 überhaupt nicht mehr. Andere als Gesellschaftsinteressen hätte er als Vorstandsmitglied auch mit der Anfechtungsklage nicht verfolgen dürfen. Als Dienstverpflichteter und Tantiemeberechtigter war er zur Anfechtung nicht befugt. Daraus folgt aber noch keineswegs, daß der unangefochtene oder bestätigte Beschluß seinen Tantiemeansprüchen nicht entgegengestellt werden könne. Umgekehrt hat sich der Vorstand gemäß § 237 HGB. mit einem solchen Beschluß auch dann abzufinden, wenn er wider die Satzung verstößt. Der Gesetzgeber mag bei Erlaß des § 237 HGB. an die Möglichkeit eines satzungswidrigen Beschlusses nicht gedacht haben. Hält man sich aber den Zweck des Gesetzes vor Augen, so kann nicht zweifelhaft sein, daß auch ein derartiger Beschluß, wenn er nicht mit Erfolg angefochten ist, keine Ausnahme rechtfertigt.

Die Reichstagskommission, die den § 232a, jetzigen § 237, in den Entwurf einfügte, begründete ihn damit, daß es zur ordnungsmäßigen vorsichtigen Verwaltung gehöre, Abschreibungen vorzunehmen, daß vorher von einem Reingewinne nicht die Rede sein könne, daß aber das gleiche von Rücklagen gelten müsse, die bei sehr hohem Jahresgewinne gemacht würden, um darauf in künftigen mageren Jahren zurückzugreifen; werde der Vorstand einmal in dem einen Jahre geschädigt, weil er von solchen Rücklagen Tantieme nicht berechnen dürfe, so finde er regelmäßig durch die spätere Einstellung solcher Rücklagefonds in die Aktiva einen Ausgleich. Der Gesetzgeber wollte also grundsätzlich die bedingungslose Unterordnung der Tantiemeansprüche des Vorstandes unter den über die Höhe der Rücklagen befindenden Willen der Gesellschaft. Beschloß ihr Organ, die Generalversammlung, Rücklagen, die nach der Satzung nicht beschlossen werden durften, so konnten damit Rechte von Aktionären verletzt werden, niemals aber Rechte des Vorstandes auf Tantieme. Vom Willen der verletzten Aktionäre hing es ab, ob sie den Beschluß anfechten wollten, wenn sie dazu gesetzlich in der Lage waren. Unterließen sie es, so übten sie ihr Recht aus, auf die Dividende ganz oder teilweise zu verzichten. Damit lag für alle Teile die Sache so, als wäre der Beschluß überhaupt kein satzungswidriger gewesen. Dazu, sich mit dem Beschluß abzufinden, konnten überstimmte Aktionäre insbesondere aus der nachträglichen Erkenntnis heraus veranlaßt sein, daß der Beschluß den Interessen der Gesellschaft aus besonderen, den Einzelfall rechtfertigenden Gründen doch wohl dienlicher sei, als eine strenge Beachtung der Satzung. Auch solcher Erwägung hatte sich nach dem ganzen Zwecke des Gesetzes der tantiemeberechtigte Vorstand zu fügen. Er kann insbesondere auch damit nicht gehört werden, selbst die vorsichtigste Verwaltung habe Rücklagen in der beschlossenen Höhe im Interesse der Gesellschaft nicht zu beschließen brauchen. Kann nicht behauptet und erwiesen werden, daß der Beschluß gefaßt ist, um den Vorstand zu schädigen, ihn um seine Tantieme zu bringen, so ist der bloße Einwand, das Interesse der Gesellschaft habe so hohe Rücklagen nicht erfordert, nicht zuzulassen.

Der hier vertretenen Auslegung des § 237 HGB. steht auch die von der Revision herangezogene Entscheidung des Reichsgerichts vom 9. Juni 1904, Rep. VI. 451. 452/03, abgedruckt Hans. Gerichtsztg.

1904 Hauptbl. Nr. 122, nicht entgegen. Dort lag der Fall tatsächlich völlig anders. Der Betrag, von dem der Vorstand Tantieme beanspruchte, war unter die Aktionäre, wenn auch nicht unter der Bezeichnung „Dividende", verteilt worden, und es wurde ausgesprochen, daß es auf eine abweichende Form der Gewinnverteilung nicht ankomme, wenn gesetzlich oder statutarisch die Form der Dividende hätte gewählt werden müssen. Denn bei einem bedingten Anspruche gelte die Bedingung als eingetreten, wenn die Partei, zu deren Nachteile der Eintritt gereichen würde, ihn wider Treu und Glauben verhindere. Gerade ein solcher Verstoß der Beklagten wird vom Berufungsrichter verneint und insoweit ist das Urteil überhaupt nicht angefochten.

Was aber von dem bisher erörterten Falle zu gelten hat, daß eine Anfechtung des angeblich satzungswidrigen Beschlusses gemäß §§ 271, 272 HGB. überhaupt nicht erfolgt ist, verdient gleiche Geltung in dem anderen, hier vorliegenden Falle, daß die Klage durch rechtskräftiges gerichtliches Urteil für zurückgenommen erklärt wird. Für die aus § 237 HGB. zu entscheidende Rechtsfrage war die Sache so anzusehen, als wäre die Klage nie erhoben gewesen. Der Anspruch auf Tantieme erweist sich hiernach, wie man den § 29 der Satzung auch auslegen will, als unbegründet."

---

73. Was ist unter „Probefahrten" im Sinne des § 56 Abs. 1 Satz 2 des Reichsstempelgesetzes vom 15. Juli 1909 zu verstehen?

VII. Zivilsenat. Urt. v. 2. Dezember 1913 i. S. Baugesellschaft L. (Kl.) w. preuß. Fiskus (Bekl.). Rep. VII. 371/13.

I. Landgericht I Berlin.
II. Kammergericht daselbst.

Der Anspruch auf Rückzahlung des erhobenen Stempels wurde durch das Berufungsurteil zurückgewiesen, die Revision der Klägerin blieb ohne Erfolg.

Aus den Gründen:

„Nach § 56 Abs. 1 Satz 1 RStempG. dürfen der Beförderung von Personen dienende Kraftfahrzeuge zum Befahren öffentlicher Wege oder Plätze nur in Gebrauch genommen werden, wenn zuvor bei der zuständigen Behörde gegen Zahlung des Abgabebetrags (Tarifnr. 8a) eine Erlaubniskarte gelöst worden ist. Nach der Vorschrift in Satz 2 a. a. O. gelten aber Probefahrten nicht als Ingebrauchnahme im Sinne jener Bestimmung, begründen also nicht die Stempelpflicht.

Aus den im Tatbestande des Berufungsurteils in Bezug genommenen Feststellungen des ergangenen Strafkammerurteils ergibt sich folgender Sachverhalt: Die Klägerin befand sich im Besitz eines ihr verpfändeten Personenkraftwagens, der seit einigen Jahren unbenutzt auf ihrem Lagerplatze stand. Der Wagen war vom früheren Besitzer aus dem Verkehr gezogen, das polizeiliche Kennzeichen (§ 6 Abs. 1 Nr. 2 KraftfahrzG. vom 3. Mai 1909 und § 6 Abs. 2, § 8 BRVO. vom 3. Februar 1910) der Behörde zurückgegeben, der Wagen abgemeldet worden und seine neue Zulassung zum Verkehr (§ 1 des eben genannten Gesetzes und § 5 der Verordnung) weder erfolgt noch auch beantragt worden. Ende Februar 1911 bot die Klägerin den Wagen mit Genehmigung des Eigentümers dem Magistrat von N., der die Anschaffung eines solchen Fahrzeugs für die städtische Feuerwehr beabsichtigte, zum Kaufe an. Auf Verlangen des Magistrats fand am 13. März auf dem Hofe der Hauptfeuerwache in N. eine Vorführung des Wagens statt. Zu diesem Zwecke hatte ihn die Klägerin durch einen von ihr beauftragten Schlosser von B. nach N. fahren lassen. Daß bei dieser Fahrt öffentliche Wege benutzt worden sind, versteht sich von selbst, wird auch von der Klägerin ebensowenig in Abrede gestellt, wie daß der Wagen dabei mit der eigenen Kraft bewegt worden ist. Die Klägerin ist aber der Meinung, daß die Vorführung des Fahrzeugs, einschließlich der Fahrt von B. nach N. nichts anderes als eine Probefahrt gewesen sei, weshalb die (dem Betrage nach von ihr nicht bemängelte) Stempelabgabe von 175 *M* mit Unrecht erhoben sei und zurückgezahlt werden müsse.

Der Ausdruck Probefahrt ist so unbestimmt, daß daraus allein die Abgrenzug dessen, was in § 56 RStempG. damit gemeint ist, nicht entnommen werden kann. Der gewöhnliche Sprachgebrauch gestattet die Anwendung des Ausdrucks auch in einem Sinne, in dem ihn § 56 sicher nicht verstanden wissen will. In einem solchen weitergehenden Sinne ist der Ausdruck z. B. gebraucht in § 3 Abs. 2 des bereits angeführten Gesetzes vom 3. Mai 1909, wo von den Probefahrten die Rede ist, die bei Ablegung der durch § 2 vorgeschriebenen Prüfung eines Bewerbers um die Erlaubnis zur Kraftwagenführung vorzunehmen sind. Man setze den Fall, daß jemand einen neuen Kraftwagen nach Besichtigung und Vorführung fest gekauft hat und dazu alsbald einen Führer bestellt, der aber die Fahrerlaubnis noch nicht besitzt, für den sie deshalb nunmehr nachgesucht wird. Wenn bei der hierdurch erforderlich werdenden Prüfung des Führers zu den vorgeschriebenen Fahrten (vgl. Nr. IV 2b und c der „Anweisung über die Prüfung der Führer von Kraftfahrzeugen", Anlage B zur VO. vom 3. Februar 1910) der erwähnte Wagen verwendet wird, so kann es kaum einem Zweifel begegnen, daß diese Fahrten Probefahrten im Sinne des Gesetzes vom 3. Mai 1909 sind, dagegen Probefahrten im Sinne des § 56 RStempG. nicht sind oder jedenfalls dann nicht sind, wenn das Fahrzeug selbst, vor Einstellung in den Verkehr, einer besonderen Prüfung infolge Erteilung einer Typenbescheinigung nicht bedarf (vgl. § 5 Abs. 3 VO. vom 3. Februar 1910 und Nr. X der „Anweisung über die Prüfung von Kraftfahrzeugen", Anlage A zu jener Verordnung). Nicht das Fahrzeug, sondern der Führer soll im angegebenen Falle erprobt werden; § 56 aber hat, wie der Zusammenhang der beiden Vorschriften in Satz 2 und in Satz 1 des Abs. 1 erkennen läßt, in Satz 2 nur Fahrten im Auge, die der Probierung des Fahrzeugs zu dienen bestimmt sind.

Absicht und Zweck des Gesetzes führen aber zu einer noch engeren Abgrenzung des Begriffs. Regelmäßig wird jedes neu hergestellte Kraftfahrzeug vom Hersteller, ehe er es in den Handel bringt oder sonst absetzt, ausprobiert werden müssen, und dabei wird das Befahren öffentlicher Wege oder Plätze gewöhnlich nicht zu umgehen sein. Auch der Zwischenhändler wird den Absatz kaum ohne vorgängige Vorführung solcher Art erzielen können. Da mit derartigen Fahrten immer auch die Beförderung mindestens einer Person, nämlich des Führers, verbunden ist, so würden sie den die Steuerpflicht nach § 56 Abs. 1 Satz 1 begründenden Tatbestand erfüllen. Das müßte zu einer empfindlichen Belastung der neu aufblühenden Kraftwagenindustrie oder des Handels mit ihren Erzeugnissen führen. Nur um dieses unerwünschte Ergebnis zu vermeiden, wurde in den dem Reichstage vorgelegten Gesetzentwurfe die Ausnahmebestimmung des Abs. 1 Satz 2 aufgenommen. Hierüber läßt die Begründung des vorgelegten Entwurfs keinen Zweifel, da sie sich (S. 34) zu jener Bestimmung wie folgt äußert: „Als Probefahrten ... haben nur solche zu gelten, welche von Fabriken und Händlern mit den zum Verkaufe gestellten Fahrzeugen auf öffentlichen Wegen und Plätzen ohne Entgelt veranstaltet werden.“ Hiergegen ist bei der Beratung und Beschließung des Gesetzes ein Widerspruch von keiner Seite hervorgetreten, und deshalb darf sich die Auslegung des an sich mehrdeutigen Ausdrucks des Gesetzes durch jene in der Begründung enthaltene Äußerung bestimmen lassen, mag auch sonst keineswegs jeder in den vorbereitenden Abschnitten der Gesetzgebung widerspruchslos geäußerte Gedanke, der aber im Gesetze selbst keinerlei Ausdruck gefunden hat, Geltung beanspruchen dürfen. Man hat die Probefahrten von der Steuer frei lassen wollen, solange sich hierbei das Fahrzeug noch als zum Verkauf gestellte oder zu stellende Ware, oder allenfalls auch aus Anlaß einer Instandsetzung oder eines Umbaues, im Bereiche der Industrie oder des Handels befindet. Ist aber das Fahrzeug aus diesem Bereich ausgeschieden und in den der Verbraucher eingetreten und soll es innerhalb des Kreises der Verbraucher den Eigentümer wechseln, so kann für eine aus diesem Anlaß auf Verlangen des Erwerbslustigen vorgenommene Probefahrt, wenn sie sonst die Voraussetzungen der Stempelpflicht erfüllt, die Anwendung der Ausnahmevorschrift nicht in Anspruch genommen werden. Das ist der Standpunkt, den auch mehrere Straffenate des Reichsgerichts bereits eingenommen haben (Entsch in Straff. Bd. 40 S. 256, Bd. 43 S. 214, Bd. 46 S. 95; auch Urteil vom 12. Oktober 1910 Rep. IV. D. 625/09). Das Berufungsgericht wird demnach der erkennbaren Absicht des Gesetzes nicht gerecht, indem es den Begriff der Probefahrten im Sinne des § 56 auch über den Kreis der Kraftfahrzeugfabrikanten und Kraftfahrzeughändler hinaus erstreckt und „auch andere Personen, die einen Kraftwagen zu veräußern beabsichtigen, für eine Probefahrt Steuerfreiheit genießen“ lassen will. Die Klägerin, eine Baugesellschaft, gehört jenem Kreise nicht an, und das Gegenteil ist auch bezüglich des Eigentümers, der ihr das Fahrzeug in Pfand gegeben hatte, nicht behauptet worden; schon darum steht der Klägerin die Ausnahmevorschrift des § 56 Abs. 1 Satz 2 nicht zur Seite.

Aber auch der Entscheidungsgrund, aus dem das Berufungsgericht zu dem gleichen Ergebnisse gelangt ist, bietet keinen Anlaß zu rechtlicher Beanstandung. Das Berufungsgericht stellt fest, daß die Fahrt von B. nach N. ausschließlich zu dem Zwecke ausgeführt worden ist, den Kraftwagen und den Kraftwagenführer nach der Feuerwache in N. zu bringen, wo der Wagen dem in Aussicht genommenen Käufer vorgeführt werden sollte. Die Fahrt von B. nach N. sieht das Berufungsgericht deshalb nicht als Probefahrt an, sondern als Beförderung zu dem Orte, wo die Probefahrt erst stattfinden sollte. Freilich hatte die Klägerin Beweis dafür angetreten, daß nach einer ihr vom Magistrat von N. zugegangenen Mitteilung auch die Fahrt von B. nach N. dazu dienen sollte, die Brauchbarkeit des Wagens zu erproben. Der Revision mag auch zugegeben werden, daß der vom Berufungsgerichte hervorgehobene Umstand, daß ein Beauftragter des Magistrats an dieser Fahrt nicht teilgenommen hat, jene Zweckbestimmung der Fahrt nicht notwendig ausschließt. Kam der Wagen nicht unversehrt oder nicht ohne Betriebsstörung bis N., so würde der Magistrat vielleicht den Kauf ohne weiteres abgelehnt haben, und insofern konnte von der Fahrt nach N., wenngleich sie ohne Teilnahme eines Beauftragten des Magistrats stattfand, allerdings gesagt werden, daß auch sie schon als Probe dienen sollte, obwohl dazu nicht eine besonders ausgewählte, zur Fahrprobe geeignete Wegestrecke, sondern die als Ortsverbindung gegebene Straße benutzt wurde, wie mangels entgegenstehenden Vorbringens angenommen werden muß. War aber die Fahrt bis N. gut abgelaufen, so sollte die entscheidende Probevorführung nun erst auf dem Hofe der dortigen Feuerwehrwache erfolgen. Diese Vorführung bildete unter allen Umständen die Voraussetzung des Ankaufs, und um sie stattfinden zu lassen, mußte das Fahrzeug nach N. gebracht werden. Keinesfalls hat also die Fahrt dorthin ausschließlich (vgl. Entsch. des RG.'s in Straff. Bd. 40 S. 259) dem Probierungszwecke gedient, sondern sie wurde, mindestens daneben, auch vorgenommen, um die weitere und entscheidende Probe, die am Fahrtziel erst noch vor sich zu gehen hatte, zu ermöglichen. Auch von diesem Standpunkt aus ist demnach die angefochtene Entscheidung rechtlich zu billigen, ohne daß in der Ablehnung des erwähnten Beweisantrags die von der Revision gerügte Verletzung des § 286 ZPO. gefunden werden kann."

---

74. Gelten für die Haftungsbeschränkung des Erben gegenüber einem im Aufgebotsverfahren ausgeschlossenen Nachlaßgläubiger dieselben prozessualen Vorschriften, wie für die sonstigen Haftungsbeschränkungen?

BGB. §§ 1973, 2013.
ZPO. §§ 767, 780, 995.

VII. Zivilsenat. Urt. v. 2. Dezember 1913 i. S. H. & R. (Bekl.) w. K. (Kl.). Rep. VII. 423/13.

I. Landgericht III Berlin.
II. Kammergericht daselbst.

Die Beklagte hatte den Ehemann der Klägerin, Karl K., im Jahre 1909 beim Landgericht III in B. im Wechselprozeß auf Zahlung von 23920,65 ℳ verklagt. Am 4. November 1909 starb K. mit Hinterlassung eines Testamentes, worin er die Klägerin als Alleinerbin eingesetzt hatte. Die Klägerin trat in den Prozeß ein und wurde durch Urteil des Landgerichts nach dem Klagantrage verurteilt. Ihre Berufung wurde durch Urteil des Kammergerichts vom 13. Juni 1910 mit der Maßgabe zurückgewiesen, daß ihr die Beschränkung der Haftung auf den Nachlaß Karl K.'s vorbehalten wurde. Im Nachverfahren wurde das im Wechselprozeß ergangene Urteil durch Urteil des Kammergerichts vom 13. März 1911 aufrecht erhalten. Am 6. Dezember 1911 ließ die Beklagte wegen ihrer Wechselforderung eine größere Anzahl der Klägerin gehöriger beweglicher Sachen pfänden. Die Klägerin widersprach und beantragte, die Zwangsvollstreckung in die fraglichen Gegenstände für unzulässig zu erklären. Zur Begründung der Klage führte sie u. a. an, es habe ein Aufgebot der Nachlaßgläubiger gemäß §§ 1970flg. BGB. stattgefunden, und in diesem Verfahren sei die Beklagte durch Urteil des Amtsgerichts Ch. vom 29. November 1910 ausgeschlossen worden. Die Beklagte beantragte Abweisung. Sie hielt jene Tatsache für unerheblich, weil sie die Klägerin schon im Hauptprozesse hätte geltend machen können. Das Landgericht erkannte nach dem Klagantrage; Berufung und Revision der Beklagten wurden zurückgewiesen.

Gründe.

„Durch Ausschlußurteil des Amtsgerichts Ch. vom 29. November 1910 ist in Gemäßheit des § 995 ZPO. und des § 1973 BGB. erkannt worden, daß 25 namentlich aufgeführten Nachlaßgläubigern, unter denen sich die Beklagte nicht befindet, die von ihnen gegen den Nachlaß angemeldeten Forderungen vorbehalten werden, daß dagegen die übrigen Nachlaßgläubiger vom Erben nur insoweit Befriedigung verlangen können, als sich nach Befriedigung der nicht ausgeschlossenen Gläubiger noch ein Überschuß ergibt.

Der Berufungsrichter ist der Meinung, daß hiernach die Haftung der Klägerin gegenüber der Beklagten endgültig auf den Nachlaß beschränkt sei. Dem ist beizutreten, denn nach § 1973 BGB. kann die Beklagte günstigstenfalls, wenn nämlich nach Befriedigung der nicht ausgeschlossenen Nachlaßgläubiger noch etwas übrig bleibt, aus diesem Überreste, keinesfalls aber aus dem sonstigen Vermögen der Klägerin ihre Befriedigung suchen. Vom Berufungsrichter wird weiter ausgeführt, daß sich die Klägerin im gegenwärtigen Vollstreckungsverfahren auf das Ausschlußurteil um deswillen noch berufen dürfe, weil ihr im Hauptprozesse die Geltendmachung der Beschränkung ihrer Haftung gemäß § 780 ZPO. vorbehalten worden sei. Die Revision bekämpft diese Annahme. Sie ist der Ansicht, daß die Rechte, die der Erbe gegen einen durch Ausschlußurteil ausgeschlossenen Nachlaßgläubiger erlangt habe, durch den allgemeinen Vorbehalt des § 780 nicht gedeckt würden, sondern gemäß § 767 ZPO. rechtzeitig unter Angabe des Sachverhalts geltend zu machen seien. Im vorliegenden Falle sei das Ausschlußurteil schon vor der letzten mündlichen Verhandlung des Berufungsgerichts im Hauptprozeß ergangen; demnach hätte die Klägerin damals beantragen müssen, daß ein dem § 1973 BGB. entsprechender Vorbehalt in das Urteil aufgenommen werde, zum mindesten hätte sie den ihr zustehenden Einwand, der zur völligen oder teilweisen Abweisung der Klage hätte führen können, nicht völlig verschweigen dürfen.

Diese Auffassung kann nicht für zutreffend erachtet werden. Die Frage, ob der allgemeine Vorbehalt gemäß § 780 ZPO. auch den Fall des § 1973 BGB. deckt, wird zwar in der Literatur verschieden beantwortet; der Senat tritt aber denjenigen Schriftstellern bei, welche sich für die Bejahung entschieden haben. Das Aufgebot der Nachlaßgläubiger und die Beschränkung der Haftung des Erben werden im Bürgerlichen Gesetzbuch allerdings unter verschiedenen Nummern (Tit. 2 Nr. II und III) behandelt; daß aber trotzdem auch das Bürgerliche Gesetzbuch in den Bestimmungen über die Folgen des Ausschlußurteils eine Beschränkung der Erbenhaftung findet, ergibt sich aus § 2013, wo ausdrücklich von der nach §§ 1973 oder 1974 eingetretenen „Beschränkung der Haftung“ die Rede ist. Auch an sich sind stichhaltige Gründe für eine besondere Behandlung der Rechte des Erben aus § 1973 BGB. nirgends zu erkennen. Es muß deshalb auch im Falle des § 1973 genügen, wenn dem Erben die Geltendmachung der Beschränkung der Haftung nur im allgemeinen vorbehalten ist, und es gereicht ihm nicht zum Nachteile, wenn er die Tatsache des erfolgten Ausschlusses im Hauptprozesse nicht geltend gemacht hat, obwohl er sie schon damals hätte geltend machen können. Ob etwa die in § 780 Abs. 2 bezeichneten Personen die Einrede aus § 1973 verlieren würden, wenn sie trotz vorhandener Möglichkeit sie im Hauptprozesse nicht geltend machen, kann unerörtert bleiben, denn auch wenn diese Frage zu bejahen wäre, würden daraus doch weitergehende Schlüsse für den gegenwärtigen Fall nicht zu ziehen sein.“ ...

---

75. Ergreift die wirksame Anfechtung einer Pfändung ohne weiteres auch die ihr vorausgegangene Vorpfändung?

ZPO. §§ 845, 930, 804, 829.
KO. § 30.

VII. Zivilsenat. Urt. v. 5. Dezember 1913 i. S. B. (Bekl.) w. W. Konk. (Kl.). Rep. VII. 413/13.

I. Landgericht Hamburg.
II. Oberlandesgericht daselbst.

Die Revision des Beklagten hatte Erfolg.

Aus den Gründen:

„Auf Grund eines vollstreckbaren Schuldtitels kann der Gläubiger nach § 845 Abs. 1 ZPO. durch den Gerichtsvollzieher dem Drittschuldner die Benachrichtigung, daß die Pfändung der Forderung bevorstehe, mit der Aufforderung zustellen zu lassen, nicht an den Schuldner zu zahlen. Diese Zustellung (die sog. Vorpfändung) hat nach § 845 Abs. 2 die Wirkung eines vollzogenen Arrestes, also (§ 930) die Wirkung des in § 804 angegebenen Pfandrechtserwerbs, sofern die Pfändung der Forderung (§ 829) innerhalb einer mit dem Tage der erwähnten Zustellung beginnenden Frist von drei Wochen bewirkt wird. Daß im vorliegenden Falle die Zustellung der gerichtlichen Pfändungsbeschlüsse an die Drittschuldner (§ 829 Abs. 3) den Vorpfändungen rechtzeitig gefolgt ist, steht fest. Inzwischen war aber, wie ebenfalls feststeht, am 11. März 1912 die Zahlungseinstellung des Schuldners (späteren Gemeinschuldners) eingetreten. Auch ist nach der Feststellung des Berufungsgerichts außer Streit, daß dem Beklagten zur Zeit der Zustellung der gerichtlichen Pfändungsbeschlüsse die Zahlungseinstellung bekannt war. Aus dem Umstande, daß hiernach diesen Pfändungen gegenüber das mit der Klage geltend gemachte Anfechtungsrecht des Konkursverwalters (§ 30 KO.) begründet sei, folgert das Berufungsgericht ohne weiteres, daß auch die Vorpfändungen den Konkursgläubigern gegenüber unwirksam seien und daß deshalb der Beklagte gemäß § 37 KO. zur Herauszahlung der bei den Drittschuldnern eingezogenen Beträge an den Konkursverwalter verbunden sei. Hierdurch hat sich das Berufungsgericht in bewußten Widerspruch mit der Auffassung gesetzt, die in dem Urteile des Reichsgerichts Entsch. in Zivils. Bd. 42 S. 365 dargelegt ist. An dieser Auffassung muß aber, jedenfalls im Ergebnisse, festgehalten werden.

Im Falle des § 845 ZPO. ist die sachliche Voraussetzung für Erlangung des in § 804 bezeichneten Pfandrechts, nämlich die Vollstreckbarkeit der Forderung, bereits vorhanden, da die Vorpfändung nur „auf Grund eines vollstreckbaren Schuldtitels" erfolgen kann. Daß ein solcher Titel zur Zeit der Vorpfändungen dem Beklagten zur Seite stand, ist außer Streit. Die Vollstreckung selbst setzt aber, neben der Vollstreckbarkeit an sich, noch die Erfüllung gewisser formaler Erfordernisse voraus; insbesondere bedarf es auch einer gehörigen vollstreckbaren Ausfertigung des Schuldtitels und seiner Zustellung an den Schuldner (§ 724 flg., § 750). Der Zeitaufwand, der mit Erfüllung dieser Erfordernisse, sowie mit Erwirkung des gerichtlichen Pfändungsbeschlusses notwendig verbunden ist, könnte, was keiner näheren Darlegung bedarf, die Vollstreckung so verzögern, daß sie schließlich infolge Zuvorkommens anderer Gläubiger, denen ein rascheres Vorgehen gelingt, oder aus anderen Gründen fruchtlos ausfiele. Um den Gläubiger gegen diesen Nachteil zu schützen, ist ihm der Behelf des § 845 ZPO. gewährt, durch den er die Möglichkeit hat, alsbald eine Sicherung nach Art der durch Arrestvollziehung eintretenden zu erlangen. Für das Gesetz wäre es denkbar gewesen, dabei lediglich die Nachholung der vollstreckbaren Ausfertigung und der Zustellung des Schuldtitels in bestimmter Frist vorzuschreiben, dergestalt, daß mit dieser Nachholung zugleich das Arrestpfandrecht sich von selbst in ein ordentliches Vollstreckungspfandrecht umwandle. Wenn das Gesetz nicht diesen Weg eingeschlagen hat, sondern (§ 845 Abs. 2) die „Pfändung" der Forderung in bestimmter Frist verlangt, so folgt daraus nicht, daß erst durch diese Pfändung ein Pfandrecht, sei es auch rückwirkend, begründet werde. Begründet ist es nach § 845 ZPO. bereits durch die Vorpfändung, weil eben das dort vorgeschriebene Erfordernis in der angeordneten Frist erfüllt ist. In einem solchen Falle bildet schon die Vorpfändung diejenige Rechtshandlung (§ 30 KO.), durch welche dem Vermögen des späteren Gemeinschuldners in Form der Belastung ein Wert zum Nachteile der Konkursgläubiger entzogen ist. Die nachfolgende Pfändung kann hier das Pfandrecht nicht erst erzeugen, das durch die Vorpfändung bereits erzeugt ist.

Anders verhält es sich nur, wenn sich herausstellt, daß die Vorpfändung wegen eines ihr selbst innewohnenden Mangels von vornherein der Wirkung überhaupt entbehrt, z. B. weil die Benachrichtigung dem Drittschuldner nicht ordnungsmäßig zugestellt ist oder weil der angegebene Schuldtitel in Wahrheit noch nicht vollstreckbar war (vgl. auch § 751 ZPO.). In Fällen solcher Art hat die nachfolgende Pfändung ihre gewöhnliche Bedeutung und Wirkung (§ 829). Der Gläubiger ist hiernach durch die Art der gesetzlichen Regelung (§ 845 Abs. 2) für den Fall einer trotz Innehaltung der Frist sich ergebenden Wirkungslosigkeit der Vorpfändung immerhin insofern gesichert, als er wenigstens nunmehr das Pfandrecht erlangt, das ohne die Pfändung überhaupt nicht entstanden wäre. Vielleicht erklärt es sich hieraus, daß das Gesetz nicht die andere, vorhin als an sich denkbar bezeichnete Regelung gewählt hat.

Von selbst versteht es sich, daß in dem zuletzt angegebenen Falle die Pfändung und der hierdurch begründete Pfandrechtserwerb beim Vorhandensein der gesetzlichen Voraussetzungen der Anfechtung durch den Konkursverwalter mit der geordneten Wirkung unterliegen. Ist aber, wie im gegenwärtigen Falle, die Vorpfändung selbst völlig mangelfrei, so ist sie, und nicht die nachfolgende Pfändung, die rechtsändernde Handlung, wodurch die Wertentziehung aus dem Schuldnervermögen eintritt. Soll die nachteilige Wirkung gegenüber den Konkursgläubigern beseitigt werden, so kann es folgerichtig nicht genügen, daß die Voraussetzungen der Anfechtung für die Pfändung zutreffen. Ob überhaupt und welche rechtliche Bedeutung die Anfechtung der Pfändung allein in einem solchen Falle hat, bedarf nicht der Untersuchung; jedenfalls kann sie der Vorpfändung die eingetretene Wirksamkeit nicht nehmen. Hieran kann auch der Umstand nichts ändern, daß die nachfolgende Pfändung immerhin eine besondere Eigenwirkung auch in einem Falle der vorliegenden Art insofern hat, als nur durch sie die Überweisung (§ 835 ZPO.) möglich wird, die auf Grund des bloßen Arrestpfandrechts nicht erfolgen könnte. Die Überweisung hat nur die Bedeutung, daß der Gläubiger dadurch in die Lage gesetzt wird, die gepfändete Forderung einzuziehen (§ 836). Die die Konkursgläubiger benachteiligende Vermögensbelastung ist aber, wie gezeigt, schon durch die Vorpfändung herbeigeführt.

So wenig die Bedenken unterschätzt werden sollen, die in der Rechtslehre, wie das Berufungsgericht ausführt, gegen die früher erwähnte Entscheidung des Reichsgerichts erhoben worden sind, so sprechen doch nach vorstehendem überwiegende Gründe dafür, die dortige Auffassung im Ergebnis aufrecht zu erhalten. Das Berufungsgericht hat, im Anschluß an den von ihm angeführten Schriftsteller, besonders den Vergleich mit der den Erwerb rückwärts vollziehenden Genehmigung (§§ 177, 184 BGB.) betont. Das Reichsgericht hat allerdings in dem Urteile Entsch. in Zivils. Bd. 68 S. 374 ausgesprochen, daß es gegenüber der auf § 30 Nr. 2 KO. gestützten Anfechtung des durch die rückwirkende Genehmigung eingetretenen Erwerbes dem Anfechtungsgegner obliege, den in § 30 Nr. 2 angegebenen Unkenntnisbeweis für den Zeitpunkt der Genehmigung zu führen. Das Berufungsgericht findet hierin einen Widerspruch mit der älteren Entscheidung, weil nach der diesem Urteile zugrunde liegenden Auffassung die in die Vergangenheit gerichtete Wirkung der Genehmigung bestehen bleiben müßte, auch wenn jener Beweis nicht gelänge. Allein die Fälle gleichen einander nicht. Nach § 184 Abs. 2 BGB. wird Verfügungen, die in der Zwischenzeit bis zur Genehmigung über den Gegenstand von dem Genehmigenden getroffen worden oder im Wege der Zwangsvollstreckung oder der Arrestvollziehung oder durch den Konkursverwalter erfolgt sind, die Wirkung durch die Genehmigung nicht genommen, während dem durch die Vorpfändung erlangten Pfandrecht alle in der Zwischenzeit bis zur Pfändung getroffenen Verfügungen oder sonst begründeten Rechte selbstverständlich weichen müssen. Gerade hierin zeigt sich ebenfalls, daß schon die Vorpfändung es ist, wodurch der Wert dem Vermögen des Schuldners entzogen wird. Gegen sie muß deshalb die Anfechtung sich richten, um ihre Unwirksamkeit den Konkursgläubigern gegenüber herbeizuführen; die Anfechtung der Pfändung kann diesen Erfolg bezüglich der Vorpfändung nicht haben.

Aus den dargelegten Gründen ist das Berufungsurteil wegen Verletzung des § 845 ZPO. und des § 30 KO. aufzuheben. Die Zurückverweisung der Sache in die Berufungsinstanz muß erfolgen, weil noch zu prüfen bleibt, ob die Anfechtung nicht auch als gegen die Vorpfändungen gerichtet anzusehen und ob und inwieweit sie in dieser Richtung begründet ist."

---

76. 1. Wann endigt die dreitägige Frist zwischen Zustellung des Titels und Zwangsvollstreckung, wenn ihr Ablauf auf einen Sonntag fällt?

2. Kann der Schuldner auf Einhaltung der Frist wirksam verzichten?

3. Verschulden des Gerichtsvollziehers bei vorzeitiger Pfändung.

BGB. §§ 839, 276.

Preuß. Gesetz vom 1. August 1909 § 1.

ZPO. §§ 222, 798.

III. Zivilsenat. Urt. v. 9. Dezember 1913 i. S. St. (Kl.) w. preuß. Fiskus (Bekl.). Rep. III. 417/13.

I. Landgericht I Berlin.
II. Kammergericht daselbst.

Auf Grund einer vollstreckbaren, am 26. Mai 1910 zugestellten notariellen Schuldurkunde pfändete der Gerichtsvollzieher E. am 30. Mai 1910, einem Montage, im Auftrage J.'s bei dem Schlossermeister S. im Einverständnis mit dem Schuldner einen Vorrat an Hölzern. Ein anderer Gläubiger, B., ließ am 2. Juni die Hölzer nachpfänden, machte geltend, daß die J.'sche Pfändung wegen Nichtinnehaltung der dreitägigen Frist des § 798 ZPO. unwirksam sei, und erlangte ein rechtskräftiges Urteil gegen den Kläger als Rechtsnachfolger J.'s dahin, daß ihm der Versteigerungserlös auszuzahlen sei. Der Kläger hielt sich wegen seines Ausfalls an den Gerichtsvollzieher, die Klage wurde aber rechtskräftig abgewiesen, weil für ein etwaiges Verschulden des Gerichtsvollziehers nur der Staat hafte. J. trat nun seine Rechte gegen den Fiskus an den Kläger ab, der sie im gegenwärtigen Rechtsstreite verfolgt. Er macht geltend, S. sei völlig vermögenslos. Hätte der Gerichtsvollzieher ordnungsmäßig gepfändet, so hätte dem Kläger der Erlös zugesprochen werden müssen. Er verlangt den Erlös nebst Hinterlegungszinsen. Der Beklagte vertritt die Auffassung, die dreitägige Frist sei gewahrt, jedenfalls sei die Pfändung wirksam, wenn, wie hier geschehen sei, der Schuldner auf Einhaltung der Frist verzichtet habe. Er verneint ein Verschulden des Gerichtsvollziehers.

Das Kammergericht hat die Berufung gegen das klagabweisende Urteil des Landgerichts zurückgewiesen. Der Revision wurde stattgegeben.

Gründe:

„Das Berufungsgericht billigt die Klagabweisung aus folgenden Erwägungen. Nach §§ 798, 222 Abs. 2 ZPO. habe die Pfändung frühestens Dienstag den 31. Mai vorgenommen werden dürfen. Ob nicht die Pfändung wegen des Einverständnisses des Schuldners mit ihrer vorzeitigen Vornahme als ordnungsmäßig zu gelten habe — eine Frage, zu deren Bejahung das Kammergericht neigt —, brauche nicht entschieden zu werden. Da die Rechtslage zweifelhaft und die bejahende Antwort haltbar sei, so erscheine Fahrlässigkeit des Gerichtsvollziehers ausgeschlossen. Wolle man davon ausgehen, der Gerichtsvollzieher habe sich an seine Vorschriften zu halten, er habe aber im

Streitfalle rechtliche Erwägungen überhaupt nicht angestellt, sondern den § 222 ZPO. einfach übersehen, so beeinflusse das die Entscheidung nicht. Objektiv betrachtet habe seine Handlung eine Pfändung zum Ergebnis, die man sehr wohl für rechtswirksam halten könne. Damit entfalle aber die Grundlage für ein Verschulden des Gerichtsvollziehers, auch wenn er vielleicht subjektiv fahrlässig gehandelt habe. Die Revision rügt Verletzung des § 839 BGB. Der Gerichtsvollzieher hätte bei der zweifelhaften Rechtslage nach den klaren Bestimmungen des Gesetzes und der Geschäftsanweisung verfahren müssen. Selbst wenn die Wirksamkeit des Schuldnerverzichts anzunehmen wäre, hätte bei der Zweifelhaftigkeit der Frage der Gerichtsvollzieher den Gläubiger nicht der Gefahr einer ungünstigen Entscheidung durch die Gerichte aussetzen dürfen. Er habe nicht zu erwägen, ob gegenüber dem Wortlaute des Gesetzes eine einschränkende Auslegung am Platze sei.

Mit Recht ist das Berufungsgericht davon ausgegangen, daß bei Vornahme der Pfändung am 30. Mai die dreitägige Frist des § 798 ZPO. noch nicht abgelaufen war. § 222 Abs. 2 ZPO. bestimmt: „Fällt das Ende einer Frist auf einen Sonntag . . ., so endigt die Frist mit Ablauf des nächstfolgenden Werktags." Der Beklagte hat in den ersten beiden Rechtszügen geltend gemacht, der erste Absatz des § 222 verweise auf die Vorschriften des Bürgerlichen Gesetzbuchs. In dessen § 193 sei die entsprechende Vorschrift nur für den Fall gegeben, daß innerhalb einer Frist eine Willenserklärung abzugeben oder eine Leistung zu bewirken sei. Folglich gelte § 222 Abs. 2 ZPO. auch nur für solche Fälle. Diese Meinung ist unzutreffend. Abs. 2 des § 222 kennzeichnet sich schon äußerlich als eine Ausnahme von der Regel des Abs. 1, der Wortlaut ergibt gerade eine bewußte und gewollte Abweichung von der Vorschrift des Bürgerlichen Gesetzbuchs. Mit Rücksicht auf die dort getroffenen Fristbestimmungen sollten die bisherigen Fristbestimmungen der Zivilprozeßordnung als entbehrlich gestrichen werden, gerade die Bestimmung des damaligen § 200 Abs. 2 (jetzt § 222 Abs. 2) ZPO. erschien aber als nicht entbehrlich. Die Begründung zum Abänderungsgesetze vom 17. Mai 1898 sagt S. 100 zu den (früheren) §§ 199, 200 ZPO.: „Dagegen läßt sich die Bestimmung des § 200 Abs. 2 über den Ablauf einer Frist, deren Ende auf einen Sonntag . . . fällt, nicht beseitigen, da das Bürgerliche Gesetzbuch eine entsprechende Vorschrift nur für die Fälle gibt, in denen es sich um eine Willenserklärung oder Leistung handelt." § 222 Abs. 2 ZPO. besteht also neben der Vorschrift des § 193 BGB. (vgl. auch Struckmann und Koch, 9. Aufl. Anm. 4, Neukamp, Anm. 3, Seuffert, 11. Aufl. Anm. 2, Reincke, Anm. II, Skonietzki-Gelpke, Anm. 4 zu § 222 ZPO.). Durch die Annahme, daß die Pfändung am 30. Mai zu früh erfolgt sei, ist sonach § 193 BGB. nicht verletzt.

Die vor Ablauf der Frist des § 798 ZPO. vorgenommene Pfändung ist unwirksam, sie begründet kein Pfandrecht für den vollstreckenden Gläubiger. An der objektiven Ordnungswidrigkeit und rechtlichen Unwirksamkeit der Pfändung ändert auch nichts ein ausdrückliches Einverständnis des Schuldners mit ihrer vorzeitigen Vornahme oder sein Verzicht auf Einhaltung der dreitägigen Frist. Im Gegensatze zu der, vom angefochtenen Urteile zwar nicht ausgesprochenen, aber angedeuteten und als billigenswert bezeichneten Ansicht ist der Entscheidung des Kammergerichts in dem Rechtsstreite des Gläubigers B. gegen den jetzigen Kläger dahin beizutreten, daß dem Verzicht oder Einverständnis des Schuldners die Fähigkeit abgesprochen werden muß, den Mangel der vorzeitigen Pfändung zu heilen und diese Pfändung wirksam zu machen. Die Vorschrift des § 798 ZPO. ist von der Reichstagskommission zur Beratung des Abänderungsgesetzes vom 17. Mai 1898 in zweiter Lesung beschlossen worden. Der Schuldner sollte dadurch vor rücksichtsloser Überraschung geschützt werden. Die damals bestimmte eintägige Frist wurde durch das Abänderungsgesetz vom 1. Juni 1909 in eine dreitägige umgewandelt. In der Begründung zu diesem Gesetze wird gesagt, maßgebend für die Bestimmung des § 798 sei die Erwägung gewesen, daß es in den bezeichneten Fällen eine Härte sei, wenn die Zwangsvollstreckung sofort der Zustellung des Vollstreckungstitels nachfolge, da der Schuldner meistens erst aus dem Titel genau ersehen könne, was er schulde. Die Verlängerung auf drei Tage wurde vorgeschlagen, da die Erfahrung gezeigt habe, daß die eintägige Frist in vielen Fällen nicht genüge, um den Zweck zu erreichen. Darüber, ob ein Verzicht des Schuldners auf Innehaltung der Frist zulässig und wirksam ist, findet sich in den Gesetzgebungsarbeiten zu beiden Gesetzen nichts.

Das Berufungsgericht meint, da die Vorschrift im Interesse des Schuldners gegeben sei, so sei nicht einzusehen, weshalb er auf diese Wohltat nicht solle verzichten können. Daß der gesetzgeberische Grund der Vorschrift die Rücksichtnahme auf den Schuldner war, wurde schon hervorgehoben. Die Gesetzgebungsvorarbeiten gewähren auch keinen Anhalt dafür, daß für Entstehung der Vorschrift der Wunsch, irgendwelche andere Interessen, insbesondere die der Gläubiger zu schützen, von Einfluß gewesen wäre. Aber die dem Beweggrunde der Schuldnerfürsorge entsprungene Vorschrift ist zwingendes Prozeßrecht geworden. Das ergibt sich nach dem Sprachgebrauche der Zivilprozeßordnung schon ohne weiteres aus der Wortfassung des § 798: „aus den ... Urkunden darf die Zwangsvollstreckung nur beginnen, wenn." In den zahlreichen Fällen, in denen die Zivilprozeßordnung die Wendung „darf nicht" oder „darf nur" gebraucht, handelt es sich anerkanntermaßen um zwingende Vorschriften. Dies gilt namentlich von den entsprechenden Vorschriften des achten Buches, vgl. die §§ 726, 730, 750, 751, 752, 756, 761, 765, 803 Abs. 1 Satz 2, 810 Abs. 1 Satz 2, 817 Abs. 2, 820. Es kommt hinzu, daß die dem Schuldner gewährte Fürsorge zweifellos ihre Wurzel auch im öffentlichen Interesse hat. Handelt es sich aber um eine zwingende Vorschrift, so kann sie durch Schuldnerverzicht oder Einverständnis nicht ausgeschaltet werden. Auf die Beachtung der zwingenden Vorschrift müssen sich sonstige Beteiligte, vor allen die anderen Gläubiger verlassen können, das Bestehen der Vorschrift schützt sie vor Durchstechereien des Schuldners mit einem einzelnen Gläubiger.

In Rechtslehre und Rechtsprechung findet sich die Ansicht, daß der Schuldnerverzicht wirksam sei, nur spärlich vertreten (Falkmann, Zwangsvollstreckung 2. Aufl. S. 153, Entsch. des OLG. Naumburg in Seufferts Arch. Bd. 61 Nr. 121, Rechtspr. OLG. Bd. 13 S. 185). Im übrigen stehen, soweit ersichtlich, Schrifttum und Entscheidungen der Gerichte geschlossen auf der Seite der Verneinung jener Wirksamkeit (vgl. Sydow-Busch § 798 Anm. 3, Struckmann und Koch 9. Aufl. § 798 Anm. 2, § 750 Anm. 3, Neukamp § 798 Anm. 5, Seuffert 8. Aufl. § 798 Anm. 3, § 750 Anm. 7, Petersen-Remelé-Anger 5. Aufl. Anm. 1 zu § 798, Gaupp-Stein 8. und 9. Aufl. § 798 III, § 750 I, Stein 10. Aufl. § 798 III, § 750 I, Fischer und Schaefer, Zwangsvollstreckung in das unbewegliche Vermögen Anm. 3 zu §§ 794—800 ZPO., oberlandesgerichtliche Entscheidungen im Sächs. Arch. Bd. 2 S. 185, im Rhein. Arch. Bd. 98 S. 83, in Seufferts Arch. Bd. 58 Nr. 202, Rechtspr. OLG. Bd. 9 S. 124).

Das Reichsgericht hat im Verhältnis zu Dritten ständig unheilbare Nichtigkeit der verfrühten Pfändung angenommen. Allerdings sind die Entscheidungen nicht zu § 798 ZPO. ergangen, betreffen vielmehr meist die Zustellung des Arrestbefehls vor der Arrestvollziehung oder bestimmter Urkunden, die vor der Vollstreckung zugestellt werden müssen, aber die Begründung kann auch für die Fälle der §§ 750, 798 Geltung beanspruchen (vgl. Entsch. des RG.'s in Zivils. Bd. 6 S. 388, Bd. 8 S. 429, Bd. 20 S. 433, Bd. 25 S. 368).

Die objektiv unrichtige Pfändung vom 30. Mai 1910 gereicht dem Gerichtsvollzieher E. aber auch zum Verschulden. Die gegenteiligen Ausführungen des Berufungsgerichts müssen beanstandet werden. Der Gerichtsvollzieher hatte als Richtschnur seines Handelns die klare Vorschrift des § 798 ZPO., für ihn dem Wortlaute nach wiederholt in § 49 Nr. 6 der Geschäftsanweisung (Allgem. Verf. des Preuß. Justizministers, JMBl. 1910 S. 101 unter Nr. 19). Das in preußischen Gerichtsvollzieherkreisen verbreitete Werk Schönfeld, Der Preußische Gerichtsvollzieher (6. Aufl. 1909 S. 166) sagt zu § 49 Nr. 6 ausdrücklich: „eine verfrühte Pfändung ist unwirksam". Der durch diese, ihm zweifellos zugänglich gewesene Äußerung besonders betonten gesetzlichen und dienstlichen Vorschrift hatte der Gerichtsvollzieher unbedingt Beachtung zu schenken und Folge zu leisten. Wenn er, was naheliegend und vom Kammergerichte als möglich hingestellt ist, die Vorschrift des § 222 Abs. 2 ZPO. einfach übersehen hat, so unterliegt seine Fahrlässigkeit keinem Zweifel. Aber auch wenn er, was weder geradezu behauptet, noch wahrscheinlich ist, sich darüber Gedanken gemacht haben sollte, ob der Verzicht des Schuldners von Befolgung der Vorschrift des § 798 ZPO. zu befreien vermag, so hat er sich doch dadurch einer Amtspflichtverletzung schuldig gemacht, daß er entgegen dem klaren Wortlaute der Vorschriften nach einer Ansicht handelte, deren Anwendung Gefahren für den Gläubiger in sich barg. Bei Beobachtung der im Verkehr erforderlichen Sorgfalt wäre er in der Lage gewesen, seine Handlungsweise als einen Verstoß gegen die Amtspflicht zu erkennen. Er durfte, wie die Revision mit Recht betont, mit Rücksicht auf die Zweifelhaftigkeit jener Ansicht, die er angesichts des klaren Wortlauts seiner Vorschriften als bedenklich erkennen mußte, die Gefahr einer ungünstigen Entscheidung der Gerichte dem Gläubiger nicht aufbürden. Ähnlich hat für das Verhältnis des Rechtsanwalts zu seinem Auftraggeber der erkennende Senat wiederholt entschieden (vgl. Urteile Rep. III. 231/08 vom 5. März 1909, Rep. III. 652/09 vom 15. Januar 1911).

Für die dem Gerichtsvollzieher zur Last fallende Verletzung der ihm obliegenden Amtspflicht gegenüber dem Rechtsvorgänger des Klägers trifft nach § 1 Abs. 1 des preuß. Gesetzes vom 1. August 1909 die in § 839 BGB. bestimmte Verantwortlichkeit den Staat an Stelle des Gerichtsvollziehers. Sie tritt nur ein, wenn der Verletzte nicht auf andere Weise Ersatz zu erlangen vermag. Allein der Schuldner S. ist vermögenslos und eine Haftung des Gerichtsvollziehers aus einem Vertragsverhältnis besteht nicht (Plen.-Entsch. des RG.'s in Zivils. Bd. 82 S. 35)." ...

---

77. Geht die Forderung des Gläubigers gegen den Hauptschuldner auch auf den den Gläubiger befriedigenden Nachbürgen über? BGB. § 774.

VII. Zivilsenat. Urt. v. 9. Dezember 1913 i. S. T. (Bekl.) w. H. (Kl.). Rep. VII. 347/12.

I. Landgericht Elberfeld.
II. Oberlandesgericht Düsseldorf.

Die Frage wurde unter Zurückweisung der vom Beklagten eingelegten Revision bejaht.

Aus den Gründen:

... „Der Berufungsrichter weist den Anfechtungseinwand und die Behauptung des Beklagten zurück, daß das Geschäft zwischen der Klägerin und H. gegen die guten Sitten verstoße. Er legt dar, daß die Klägerin als Nachbürgin ihres Schwiegersohnes E., der sich für den Schuldner H. beim B.'er Bankverein in Höhe von

10000 *M* verbürgt gehabt habe, an diesen Verein zur Tilgung der Bürgschaftsschuld 10000 *M* bezahlt habe. Dadurch sei auch ohne besondere Vereinbarung die Forderung des Bankvereins gegen H. auf die Klägerin übergegangen; deren Sicherung habe die Übereignung der Pfandstücke gedient.... Die Rügen der Revision sind unbegründet.

Die Annahme des Berufungsrichters, daß die Klägerin Nachbürgin E.'s auch insoweit gewesen sei, als sie sich in Höhe von 5000 *M* vor Eingehung des Gesellschaftsverhältnisses mit H. für E. gegenüber dem Bankverein verbürgt habe, ist rechtlich nicht zu beanstanden.... Hat aber die Klägerin als Nachbürgin ihres Schwiegersohnes E. die Schuld H.'s an den Bankverein, für die sich zunächst E. verbürgt hatte, bezahlt, so ging damit gemäß § 774 BGB. die Forderung des Bankvereins gegen den Hauptschuldner H. auf sie über. Die Meinung der Revision, daß im Falle der Nachbürgschaft als Hauptschuldner der erste Bürge anzusehen sei, findet im Gesetz keine Stütze. § 774 BGB. spricht allgemein von dem befriedigenden Bürgen. Bürge ist aber auch der Nachbürge, und wenn die Vorschrift auf der Unterstellung beruht (vgl. Mot. Bd. 2 S. 674), daß der Bürge den Gläubiger nicht solvendi causa, sondern in der Absicht befriedige, die Forderung des Gläubigers zu erwerben, so trifft dies für jeden Bürgen, auch für den Nachbürgen, zu. Daß dabei nur an die Forderung des befriedigten Gläubigers aus dem Hauptgeschäft, nicht aus dem Bürgschaftsvertrage gedacht ist, bedarf keiner weiteren Begründung. Hauptschuldner ist der Dritte, dessen Schuld durch die Bürgschaft des Vor- und des Nachbürgen gesichert werden soll, nicht der Vorbürge. Soweit ersichtlich, wird die hier vertretene Auslegung des § 774 BGB. ganz allgemein geteilt. Danach hatte die Klägerin gegen H. auch als befriedigende Nachbürgin einen Anspruch, der für die Sicherungsübereignung eine einwandfreie Grundlage bieten konnte." ...

---

78. Inwieweit kommen Angestellte eines Straßenbahnunternehmens als dessen Gehilfen bei der Erfüllung des Beförderungsvertrags in Betracht?

BGB. § 278.

VII. Zivilsenat. Urt. v. 9. Dezember 1913 i. S. G. B. Straßenbahn (Bekl.) w. H. (Kl.). Rep. VII. 427/13.

I. Landgericht I Berlin.
II. Kammergericht daselbst.

Der Kläger befand sich als Fahrgast in einem Triebwagen der Linie 28 der Beklagten. Auf einer Haltestelle fuhr diesen Wagen ein Triebwagen der Linie 29 der Beklagten an. Der Kläger wurde hierbei körperlich verletzt; er beansprucht Schadensersatz. Das Landgericht erkannte auf Abweisung der Klage. In der Berufungsinstanz wurde die Haftung der Beklagten aus dem Beförderungsvertrage bejaht und der Anspruch des Klägers dem Grunde nach für gerechtfertigt erklärt. Die Revision der Beklagten wurde zurückgewiesen.

Gründe:

... „Der Vorderrichter stellt fest, daß vor der Haltestelle, wo der Wagen der Linie 29 den vom Kläger benutzten Triebwagen angefahren hat, eine Neigung der Fahrbahn besteht. Eine solche in der Fahrtrichtung eines Triebwagens befindliche Neigung erschwere, so führt das angefochtene Urteil aus, das Anhalten des Wagens erheblich und deshalb müsse zur Wahrung der Verkehrssicherheit hierauf Rücksicht genommen werden. Das sei nicht in genügender Weise geschehen und damit die im Verkehr erforderliche Sorgfalt verletzt worden. Die Bremsvorrichtungen des Wagens seien in Ordnung gewesen und unter gewöhnlichen Umständen würde das Bremsen ein rechtzeitiges Halten des Wagens bewirkt haben, wegen der nicht beachteten Neigung der Fahrbahn habe aber das Bremsen das Auffahren auf den stehenden Wagen der Linie 28 nicht verhindert. Ob dabei auch noch die Schlüpfrigkeit der angeblich vorher bei der Straßenbesprengung mitbesprengten Schienen mitgewirkt habe, könne unaufgeklärt bleiben, denn die Schlüpfrigkeit der Schienen und die damit eintretende Schwierigkeit des Bremsens sei ein so gewöhnliches Vorkommnis, daß es von jedem Straßenbahnfahrer in Betracht gezogen werden müsse. Das somit festgestellte Verschulden habe nach § 278 BGB. die Beklagte zu vertreten. Als Erfüllungsgehilfen der Beklagten im Sinne der angeführten Gesetzesbestimmung kämen nicht nur die zur Bedienung des Wagens, in dem sich der Kläger befand, bestimmten Angestellten in Betracht, sondern Erfüllungsgehilfen des Beförderungsvertrags seien auch der Führer des Wagens der Linie 29 und, sofern dieser über die durch die Neigung der Fahrbahn hervorgerufene Gefahrserhöhung nicht genügend belehrt worden sei, die mit seiner Ausbildung beauftragten Beamten der Beklagten. Das vertragliche Verschulden irgendeines Angestellten der Beklagten bleibe bei dieser Sachlage immer bestehen, ohne daß es der Aufklärung bedürfe, welcher Angestellte zur Rechenschaft zu ziehen sei.

Durch die so begründete Entscheidung erachtetet sich die Beklagte für beschwert. Den von ihr mit der Revision erhobenen Angriffen war aber der Erfolg zu versagen. In dem vom Berufungsgericht in Bezug genommenen Urteile des erkennenden Senats Rep. VII. 479/1911 vom 19. März 1912 stand zur Entscheidung, ob bei einem Zusammenstoße, der auf der von dem damaligen Beklagten, dem Eisenbahnfiskus, betriebenen Strecke zwischen zwei Eisenbahnzügen, einem Personen- und einem Arbeitszuge stattgefunden hatte, als Erfüllungsgehilfen des Beklagten nur die Bediensteten des Personenzugs, in dem sich der dabei verletzte Kläger als Reisender befand, anzusehen seien, oder ob auch das Dienstpersonal des Arbeitszugs zur Erfüllung des Beförderungsvertrags gedient habe. Letzteres wurde bejaht und ausgeführt: da der Unternehmer mit dem Beförderungsvertrage die Pflicht übernehme, den Fahrgast ungefährdet an das Reiseziel zu bringen, so gehöre auch zu seinen Vertragspflichten, für Vermeidung des Zusammenstoßes mit einem seiner anderen Züge Sorge zu tragen. Um einen Zusammenstoß bei der Kreuzung von Zügen zu verhüten, reiche es aber nicht aus, daß das Dienstpersonal des einen Zuges vorschriftsmäßig verfahre, auch das Personal des anderen Zuges und die weiteren hierbei mit Obliegenheiten betrauten Personen hätten dazu mitzuwirken, deshalb seien auch sie Erfüllungsgehilfen des Unternehmers.

Diese Rechtssätze hat das Berufungsgericht auf den hier zur Entscheidung stehenden Fall entsprechend angewendet und in den Vorinstanzen ist das von der Beklagten nicht bemängelt worden. Die Revision macht jetzt auch in dieser Beziehung Bedenken geltend. Sie erachtet die Annahme für zuweitgehend, daß der Unternehmer aus dem Beförderungsvertrage auch das Verschulden solcher Angestellten vertreten solle, die an der Beförderung des Fahrgastes nicht unmittelbar beteiligt sind. Es würden dadurch den

Transportunternehmungen Verpflichtungen auferlegt, die mit dem Sinne des Reichshaftpflichtgesetzes vom 7. Juni 1871 nicht vereinbar seien. Weiter stellt die Revision auch in Abrede, daß die Sachlage hier eine dem entschiedenen Falle entsprechende sei. Die Schienen für Straßenbahnen würden nicht, wie die Eisenbahngleise, nur vom Unternehmer benutzt, sondern es gehe, weil sie nicht abgeschlossen seien, auch der sonstige Straßenverkehr darüber hinweg. Deshalb und da den Angestellten jedes Wagens nur dessen Fahrgäste anvertraut seien, der Schaffner jedes Wagens auch nur befugt sei, durch Ausgabe der Karte für seinen Wagen einen Vertrag zu schließen, nehme jeder andere, dasselbe Gleis befahrende Wagen der Beklagten keine andere Rechtsstellung ein, als ein dieselbe Straße befahrender Wagen eines Dritten.

Diese Ausführungen der Revision sind als zutreffend nicht anzuerkennen. Das erwähnte Urteil des Senates beruht darauf, daß der Betrieb eines Eisenbahnunternehmers als ein einheitlicher anzusehen und daß deshalb der Unternehmer, der durch den Beförderungsvertrag die Verbindlichkeit übernimmt, den Reisenden ungefährdet an sein Reiseziel zu bringen, verpflichtet ist, seinen ganzen Betrieb so zu gestalten, daß dem Reisenden keine Gefahren daraus erwachsen. Bei Kreuzung von Zügen haben alle dabei dienstlich verwendeten Personen zur Vermeidung von Gefahren mitzuwirken, deshalb sind sie für Erfüllungsgehilfen des Unternehmers erachtet worden. Daß diese aus der rechtlichen Natur des Beförderungsvertrags hergeleiteten Folgerungen dem Unternehmer zuweitgehende und mit dem Sinne des Reichshaftpflichtgesetzes sich in Widerspruch setzende Verpflichtungen auferlegten, ist der Revision nicht zuzugeben. Wenn sie zur Widerlegung anführt, dann müßte auch beim Zusammenstoße zweier Schiffe auf hoher See, sofern sie nur demselben Unternehmer gehören, allein schon aus diesem Umstande, abgesehen von sonstigen gesetzlichen Bestimmungen, die Schadensersatzpflicht des Unternehmers den geschädigten Schiffspassagieren gegenüber hergeleitet werden, so berücksichtigt sie den entscheidenden Gesichtspunkt, die Einheitlichkeit des Betriebes nicht. Sie ist vorhanden bei einem an die Benutzung von Schienen gebundenen Unternehmen, ist aber nicht ohne weiteres zu bejahen bei Schiffen, von denen jedes auf dem Meere seinen eigenen Weg nimmt; ihre Zusammengehörigkeit ist, wenn sie Schiffe derselben Unternehmer sind, nur eine wirtschaftliche. Der Straßenbahnbetrieb eines Unternehmers ist örtlich begrenzter, als der Eisenbahnbetrieb; das spricht aber nicht gegen, sondern für die Annahme, daß ein solcher ebenfalls an die Benutzung von Schienen gebundener Betrieb auch ein einheitlicher ist. Daß die Schienenstränge vom sonstigen Straßenverkehr nicht abgeschlossen sind, ändert hieran nichts. Wie im Eisenbahnverkehr wird auch im Straßenbahnverkehr durch den Beförderungsvertrag für den Unternehmer die Verpflichtung begründet, den in seinem Betriebe zu befördernden Fahrgast vor den Gefahren dieses Betriebes zu bewahren. Dazu gehört, daß an Haltestellen, die mehreren Linien des Betriebes dienen, der aus derselben Richtung nachkommende Wagen so zum Stillstehen gebracht wird, daß durch ihn die Fahrgäste eines schon haltenden Wagens nicht gefährdet werden. Für die Sicherheit des Betriebs in dieser Beziehung kommt es in der Hauptsache darauf an, daß das Dienstpersonal des später anfahrenden Wagens, insbesondere dessen Fahrer mit der gebotenen Sorgfalt und Umsicht handelt. Welcher der verschiedenen Linien der später ankommende Wagen angehört, ist bedeutungslos. Wenn es ein von seinen eigenen Angestellten geführter Betriebswagen des Unternehmers ist, so bedient sich der Unternehmer auch dieser Angestellten zur Erfüllung seiner Verbindlichkeit, in seinem Betriebe die Fahrgäste gefahrlos zu befördern. Die Annahme der Revision: weil der Schaffner jedes Wagens nur Fahrkarten für diesen ausgebe, so seien Erfüllungsgehilfen des Unternehmers auch nur die Angestellten des Wagens, für den die Karte ausgegeben ist, verkennt, daß bei einem einheitlichen Betriebe der Unternehmer durch den mit ihm abgeschlossenen Beförderungsvertrag für die Sicherheit des Fahrgastes in seinem ganzen Betrieb einzustehen hat.

Ohne berechtigten Grund rügt die Revision weiter, daß ein von der Beklagten zu vertretendes Verschulden nicht ausreichend festgestellt sei. Es soll die Sachlage nicht genügend aufgeklärt, sondern es sollen nur Vermutungen aufgestellt sein. Das trifft nicht zu. Mit dem Beförderungsvertrage hat der Unternehmer, wie schon mehrfach hervorgehoben ist, die Sorgfaltspflicht übernommen, den Fahrgast ungefährdet an sein Ziel zu bringen. Ist diese Vertragsleistung nicht bewirkt, ist der Fahrgast, wie dies hier der Fall ist, körperlich auf der Fahrt verletzt worden, so hat der Unternehmer zu beweisen, daß ihn kein Verschulden trifft (vgl. Entsch. des RG.'s in Zivils. Bd. 66 S. 12; Jur. Wochenschr. 1908 S. 196 Nr. 10). Diesen Beweis hat das Berufungsgericht für nicht erbracht angesehen und in seinen vorstehend wiedergegebenen Ausführungen mit ausreichender und nicht zu beanstandender Begründung angenommen, daß unabwendbarer Zufall ausgeschlossen und das Auffahren des Wagens auf ein Verschulden der Angestellten der Beklagten zurückzuführen ist. Die Neigung der Fahrbahn ist nicht beachtet worden und darin, daß dies nicht geschehen ist, wird ohne Rechtsirrtum ein für das Auffahren des Wagens und damit für die dabei erfolgte Verletzung des Klägers ursächliches Verschulden gefunden. Dieses Verschulden legt das Berufungsgericht dem Fahrer zur Last, wenn er die Neigung kannte und darüber unterrichtet war, daß bei solchen Neigungen der Fahrbahn früher, als sonst üblich, vor der Haltestelle zu bremsen ist. Hat der Fahrer die Neigung der Fahrbahn nicht gekannt und ist er über sie und sein Verhalten dabei nicht unterrichtet worden, ehe ihm die Führung des Wagens anvertraut wurde, so ist das Verschulden nach der Annahme des Berufungsgerichts von den Beamten begangen, worden, die es unterlassen haben, den Fahrer genügend zu unterrichten. Damit sind nicht bloß, wie die Revision meint, Vermutungen aufgestellt, sondern es ist nach ganz bestimmten Richtungen hin schuldhaftes Verhalten bei solchen Angestellten der Beklagten festgestellt, die zur Sicherung ihres Betriebes gegen Gefahren der Fahrgäste mitzuwirken haben. Hatten die Angestellten aber dazu mitzuwirken, so sind sie auch Erfüllungsgehilfen der Beklagten und sie hat für deren Verschulden einzustehen." . . .

---

79. 1. Darf bei Vorlegung eines ordnungsmäßigen aber erloschenen Testamentsvollstreckerzeugnisses der Dritte geltend machen, daß er sich im Irrtum über den Eintritt der Tatsachen befunden habe, die die Beendigung des Amtes zur Folge hatten?

2. Darf bei Überschreitung oder Mißbrauch der Verwaltungsbefugnisse des Testamentsvollstreckers der Dritte sich auf seinen guten Glauben berufen, wenn er beides infolge von Fahrlässigkeit nicht erkannt hat? Ist zum Ausschlusse des guten Glaubens grobe Fahrlässigkeit erforderlich?

BGB. §§ 2368, 2366, 2205, 2206, 122 Abs. 2.

V. Zivilsenat. Urt. v. 10. Dezember 1913 i. S. W. u. Gen. (Kl. u. Widerbekl.) w. Kreditbank in Altona (Bekl. u. Widerkl.). Rep. V. 303/13.

I. Landgericht Altona.
II. Oberlandesgericht Kiel.

Die Kläger sind die Söhne des 1903 verstorbenen Rechtsanwalts und Notars We. In einer letztwilligen Verfügung vom 15. Januar 1902 hatte dieser seine Ehefrau als Vorerbin und die beiden Kläger als Nacherben mit der Bestimmung eingesetzt, daß Justizrat Dr. Wä. nach seinem Tode den Nachlaß als Testamentsvollstrecker in Verwaltung nehmen und auch nach dem Tode der Vorerbin, der 1907 eingetreten ist, nach seinem pflichtmäßigen Ermessen die Verwaltung des Erbteils des Sohnes Otto ganz oder teilweise, jedoch nicht über das vollendete 30. Lebensjahr hinaus, fortsetzen solle. Zum Nachlasse gehörte ein Grundstück in A., auf dem für die St. Pauli-Kreditbank in H. eine Hypothek von 16000 ℳ haftete. Der Erblasser hatte die Hypothek zwar bezahlt, aber sich keine Löschungsbewilligung erteilen lassen und den Hypothekenbrief in den Händen der Bank belassen.

Im November 1910 nahm Wä., der eine Reihe von Vermögensmassen verwaltete und wegen Veruntreuungen im Dezember 1911 verhaftet und verurteilt wurde, bei der Beklagten ein Bankdarlehn von rund 70000 ℳ auf und verpfändete dafür durch Sicherheitsübereignung die vorerwähnte We.'sche Eigentümergrundschuld von 16000 ℳ, die er durch die St. Pauli-Kreditbank der Beklagten abtreten ließ, sowie Hypotheken zweier anderer Nachlaßmassen, nämlich, wie die Beklagte angegeben hat, sieben Hypotheken eines Nachlasses M. von zusammen 49620 ℳ und die Hypothek eines unbenannten Nachlasses von 4200 ℳ, zusammen also 69820 ℳ. Er gab an, daß er zur Ausschüttung „in einer Nachlaßsache", oder, wie das Berufungsgericht zugunsten der Beklagten angenommen hat, „in Nachlaßsachen" flüssiger Mittel bedürfe, und ließ sich den Darlehnsbetrag, der nach Abzug von Zinsen in Höhe von 69441,80 ℳ seinem persönlichen Konto gutgeschrieben wurde, „der bequemeren Absendung wegen" in $3^1/_2$ % preußischen Staatsanleihescheinen im Nennwerte von 74000 ℳ aushändigen. Mit dem Anschaffungswerte dieser Papiere wurde sein persönliches Konto belastet.

Die Kläger, die Mitte 1911 von der Abtretung der Grundschuld Kenntnis erlangten, ließen sich am 12. Juni 1911 von Wä. Hypotheken und andere Wertgegenstände abtreten, die sich aber als völlig wertlos erwiesen. Als ihnen am 19. Juli 1911 die Beklagte die Hypothek kündigte, versprachen sie in zwei Schreiben je die Hälfte von 8000 *M* am 19. Januar 1912 zu zahlen. Diesem Versprechen, das sie in der irrigen Annahme einer Verpflichtung erteilt haben wollen, sind die Kläger aber nicht nachgekommen, sondern haben sowohl das Versprechen, als auch die Grundschuld zurückgefordert. Sie haben mit dem Antrage geklagt, die Beklagte zur Löschung zu verurteilen, und zur Begründung geltend gemacht, daß beim Mangel irgendeines Gegenwerts für die Masse eine unentgeltliche, unter Mißbrauch der Vertretungsmacht zu eigenem Nutzen vorgenommene Verfügung des Testamentsvollstreckers vorliege, auf die sich die Beklagte nicht berufen könne, weil ihr grobe Nachlässigkeit zur Last falle. Die Beklagte hat jede Fahrlässigkeit in Abrede gestellt. Sie will, auch bei der Buchung auf dem persönlichen Konto Wä.'s, in üblicher Weise vorgegangen sein, bei der St. Pauli-Kreditbank angefragt und das Testamentsvollstreckerzeugnis eingesehen haben. Daß Wä. Hypotheken aus drei Nachlaßmassen zu gleicher Zeit beliehen habe, sei ihr bei dem unbegrenzten Vertrauen, das ihr Mitglied Wä. sowohl bei ihr, als auch allgemein genossen habe, nicht aufgefallen. Die Beklagte hat sich ferner auf das nachträgliche Anerkenntnis und Zahlungsversprechen der Kläger berufen und widerklagend persönliche Darlehns- sowie Grundschuldklage mit dem Antrag erhoben, die Kläger als Gesamtschuldner zur Zahlung von 16000 *M* nebst Zinsen auch bei Vermeidung der Zwangsvollstreckung in das Grundstück zu verurteilen.

Das Landgericht wies die Klage ab und gab der Widerklage statt. Das Oberlandesgericht änderte auf die Berufung der Kläger nur bei der Widerklage und wies die persönliche Klage der Beklagten ab, im übrigen wies es zur Klage und Widerklage die Berufung der Kläger zurück. Auf deren Revision wurde das Berufungsurteil, soweit es zu ihrem Nachteil ergangen ist, aufgehoben, die Anschlußrevision der Beklagten wurde zurückgewiesen.

Aus den Gründen:

„Das Berufungsgericht hat zunächst für erwiesen angenommen, daß der Testamentsvollstrecker Wä. bei der Beklagten unter Belastung seines persönlichen Kontos, wie es in solchen Fällen in den Bankkreisen Altonas üblich sei, ein einheitliches Darlehn von rund 70000 *M*, zwar für Rechnung einer oder mehrerer unbenannter Nachlaßmassen, aber in eigenem Namen aufgenommen habe, so daß eine persönliche Schuldverbindlichkeit des We.'schen Nachlasses oder der Kläger nicht begründet worden sei. Auch die späteren Verhandlungen mit Wä. und die Zahlungsversprechen hätten eine solche Verbindlichkeit nicht begründen können, weil sie keinen neuen Schuldgrund, insbesondere kein Schuldversprechen im Sinne des § 780 BGB., enthielten und überdies wegen Mangels des vermeintlichen Verpflichtungsgrundes die Rückforderung mit der Bereicherungsklage Platz greife. Die gegen diesen Teil der Entscheidung des Berufungsrichters gerichtete Anschlußrevision der Beklagten erschien nicht begründet." ... (Wird näher ausgeführt.)

„In betreff der dinglichen Rechtsbeziehungen hat der Berufungsrichter ausgeführt, daß zwar nicht eine unentgeltliche Verfügung des Testamentsvollstreckers im Sinne des § 2205 BGB., wohl aber ein Mißbrauch der Verwaltungsbefugnisse zu eigenem Nutzen vorliege und daß deshalb nach den Grundsätzen, die das Reichsgericht in der Entsch. Bd. 75 S. 301 aufgestellt habe, die Beklagte Rechte daraus nur dann herleiten könne, wenn ihr keine grobe Fahrlässigkeit zur Last falle. Eine solche Fahrlässigkeit sei aber nicht festzustellen. Die Darlehnsaufnahme zu Lasten des persönlichen Kontos sei üblich, die Bestimmung für Auseinandersetzungszwecke möglich, der auffällige Umstand, daß drei Nachlaßmassen mit ihren Hypotheken beteiligt wurden, durch einen Zufall oder durch Abrechnung unter den einzelnen Massen erklärbar. Die Schnelligkeit, mit der der Bankverkehr sich abspiele und die eine längere Überlegung nicht zulasse, verlange wechselseitiges Vertrauen. Besonders einem Rechtsanwalt und Notar gegenüber sei dieses Vertrauen angebracht. Wenn auch Wä.'s Ansehen in Anwaltskreisen damals schon erschüttert gewesen sein möge, so liege doch nichts dafür vor, daß das Mißtrauen schon in die Bankkreise gedrungen gewesen sei. Die Beklagte jedenfalls habe ihm unbegrenztes Vertrauen geschenkt.

Diese Ausführungen sind, wie die Revision mit Recht geltend gemacht hat, nicht frei von Rechtsirrtum. Zunächst ist bei Prüfung der Legitimation des Testamentsvollstreckers dem unstreitigen Inhalte des Testaments nicht gebührend Rechnung getragen worden. Danach sollte die Testamentsvollstreckung nur bis zum Tode der Vorerbin dauern, der zur Zeit der hier in Rede stehenden Vorgänge bereits eingetreten war, und sich dann nur auf den Erbteil des Klägers Otto We., bis zu dessen vollendetem 30. Lebensjahr, erstrecken. Mit Wirkung für Edgar We. bestand also gar keine Testamentsvollstreckung und sie konnte auch nicht dadurch begründet werden, daß dieser Kläger, wie vom Berufungsurteil angenommen wird, stillschweigend dem Testamentsvollstrecker die Verwaltung beließ. Es konnte sich hier höchstens um Vollmacht oder auftraglose Geschäftsführung handeln und es hätte daher die Beklagte entweder Edgar We. zuziehen oder sich eine ausreichende Vollmacht vorlegen lassen müssen. Durch das Testamentsvollstreckerzeugnis (BGB. § 2368), das die Beklagte eingesehen haben will, das aber der Berufungsrichter, wie es scheint, sich nicht hat vorlegen lassen, hätte die Beklagte ohne Rücksicht auf Fahrlässigkeit (aber nicht ohne Rücksicht auf etwaige Kenntnis) nur dann gedeckt werden können, wenn das Zeugnis die testamentarischen Bestimmungen über die Dauer der Testamentsvollstreckung nicht enthalten hätte (BGB. a. a. O. und § 2366 das.). Dies ist zwar nicht gerade ausgeschlossen, aber recht unwahrscheinlich. Waren dagegen die Bestimmungen in dem Zeugnis wiedergegeben und befand sich die Beklagte etwa nur in Unkenntnis über den Eintritt des Todes der Vorerbin, so konnte sie dieser Umstand ebensowenig schützen, wie die etwa unterbliebene Berichtigung des Testamentsvollstreckerzeugnisses, weil mit Beendigung der Testamentsvollstreckung auch die Beweiskraft des Zeugnisses, ohne Rücksicht auf etwa vorhandenen guten Glauben, erlischt (§ 2368 a. E. BGB., Prot. Bd. 5 S. 690 a. E., 684; Planck Anm. 9, 11 zu § 2368).

Unterstellt man aber auch eine vollgültige Vertretungsbefugnis des Testamentsvollstreckers, so ist es zwar klar, daß sich die Verfügung über die Nachlaßgrundschuld, da der Gegenwert nicht in den Nachlaß geflossen, sondern vom Testamentsvollstrecker zu eigenem Nutzen veruntreut worden ist, soweit die Nachlaßmasse in Betracht kommt, sowohl als unentgeltlich im Sinne des § 2205

BGB., als auch als grober und strafbarer Mißbrauch der Testamentsvollstreckung darstellt (Entsch. des RG.'s Bd. 51 S. 415, Bd. 74 S. 217, Bd. 75 S. 299). Es kommt aber, da es sich um ein Rechtsgeschäft mit einem Dritten handelt, nicht bloß auf die objektive Rechtslage, sondern auch auf die subjektive Auffassung an, von der der Dritte zulässigerweise ausgehen durfte (vgl. Prot. 5 S. 528, 544 Anm. 3; Entsch. des RG.'s in Zivilf. Bd. 74 S. 219, Bd. 75 S. 301, Bd. 81 S. 364, auch Bd. 52 S. 99, Bd. 71 S. 219/24 und das in der Kieler Sache, Entsch. Bd. 75 S. 299, ergangene spätere Urteil vom 10. Januar 1912 V. 346/11). Insofern ist es zutreffend, wenn der Berufungsrichter geprüft hat, ob die Beklagte annehmen durfte, daß das dem Testamentsvollstrecker gewährte Darlehn mittelbar in irgendeiner Weise der Nachlaßmasse zugute kommen würde, und wenn er weiter untersucht hat, ob die Beklagte den Mißbrauch der Testamentsvollstreckung erkennen konnte.

Ein Rechtsirrtum fällt aber dem Berufungsrichter hierbei schon insofern zur Last, als er die Prüfung auf etwa vorhandene grobe Fahrlässigkeit der Beklagten beschränkt hat. Wenn auch in einzelnen der vorerwähnten Urteile des Reichsgerichts mit Rücksicht auf die dort gegebene Sachlage nur von einem groben Verschulden die Rede ist, so ist doch unter dem Erkennenmüssen nach der Begriffsbestimmung des § 122 Abs. 2 BGB. jedes fahrlässige Nichterkennen zu verstehen (vgl. auch Entsch. Bd. 81 S. 366, Bd. 75 S. 301, Bd. 52 S. 99, Bd. 71 S. 219/24).

Sodann hat der Berufungsrichter den von den Klägern wiederholt betonten außergewöhnlichen Umstand nicht berücksichtigt, daß hier nicht, wie dies bei einer Nachlaßteilung ordnungsmäßig zu geschehen pflegt, eine regelrechte Versilberung der Nachlaßgegenstände vorgenommen, sondern eine Darlehnsschuld mit neuen persönlichen Verbindlichkeiten, zum mindesten des Testamentsvollstreckers, aufgenommen worden ist, ein Umstand, der um so auffälliger wirken mußte, als drei Nachlaßmassen an dieser außergewöhnlichen Maßnahme beteiligt wurden. Ferner kann die Schnelligkeit und das Vertrauen, das der tägliche Bankverkehr erfordert, nicht ohne weiteres da herangezogen werden, wo es sich um die Beleihung von Nachlaßhypotheken handelt, zumal von solchen, die unter Testamentsvollstreckung stehen. Denn solche Geschäfte pflegen nicht zu den alltäglichen, schnell zu erledigenden

Bankgeschäften zu gehören. Hierbei ist, wie in dem Urteile Rep. V. 346/11 hervorgehoben worden ist, nicht blindes Vertrauen und Besorgnis, daß der andere sich beleidigt fühlen könnte, angebracht, sondern Rücksichtnahme auf die Interessen der Beteiligten und eine sorgfältige Untersuchung vonnöten. Wenn auch gegen die Annahme des Berufungsrichters nichts einzuwenden ist, daß die Buchung des Darlehns auf dem persönlichen Konto des Testamentsvollstreckers keinen Anstoß zu erregen brauchte, weil sie üblich ist und von den Unterschlagungen Wä.'s noch nichts in Bankkreise gedrungen war, so hätten doch die vorstehend erwähnten Umstände eingehender gewürdigt werden müssen." ...

---

80. 1. Beginn der Verjährung von Schadensersatzansprüchen einer Genossenschaft gegen die Vorstandsmitglieder wegen Verletzung der Sorgfalt eines ordentlichen Geschäfsmannes.

2. Muß zum Zwecke der Unterbrechung der Verjährung eine Feststellungsklage erhoben werden, wenn die Leistungsklage wegen des zurzeit noch nicht zu ermittelnden Schadens nicht erhoben werden kann?

GenG. § 34.
BGB. §§ 194, 198.
ZPO. § 256.

II. Zivilsenat. Urt. v. 11. Dezember 1913 i. S. Hagenbacher Darlehnskasse-Verein (Kl.) w. F. F. u. Gen. (Bekl.). Rep. II. 505/13.

I. Landgericht Landau.
II. Oberlandesgericht Zweibrücken.

Die Beklagten unter 1 und 2 sowie die beiden inzwischen verstorbenen Erblasser der Beklagten unter 3 und 4 waren im Jahre 1900 Vorstandsmitglieder des klagenden Vereins, einer eingetragenen Genossenschaft m. b. H. Am 21. Januar 1900 erklärten sie in rechtswirksamer Weise den Beitritt des klagenden Vereins zu der Pfälzer Tabakverkaufsgenossenschaft zu L., einer eingetragenen Genossenschaft m. b. H., mit 400 Geschäftsanteilen zu je 10 ℳ derart, daß der Betrag von 4000 ℳ sofort zahlbar war. Die Generalversammlung der Verkaufsgenossenschaft erhöhte am 8. Dezember 1906 die Geschäftsanteile von 10 ℳ auf 55 ℳ, sodaß der Kläger nun 400 mal 55 ℳ = 22000 ℳ schuldete. Diesen Betrag bezahlte er am 29. Dezember 1906.

Die Tabakverkaufsgenossenschaft machte schlechte Geschäfte. Nach Behauptung des Klägers stand der Zahlung der 22000 ℳ keinerlei Vermögenswert gegenüber. Für den Verlust nahm der Kläger die Beklagten auf Grund des § 34 GenG. in Anspruch. Er behauptete, die vier Vorstandsmitglieder hätten durch Zeichnung der 400 Geschäftsanteile die Sorgfalt eines ordentlichen Geschäftsmannes verletzt, indem sie nicht nur die satzungsgemäß erforderliche Zustimmung von Aufsichtsrat und Generalversammlung nicht eingeholt, sondern im Gegenteil die Zeichnung der 400 Anteile absichtlich geheim gehalten und dadurch ein rechtzeitiges Eingreifen des Klägers verhindert hätten. Demgegenüber beriefen sich die Beklagten auf Verjährung.

Während der erste Richter der Klage stattgab, erkannte das Oberlandesgericht auf Abweisung. Die Revision des Klägers wurde zurückgewiesen aus folgenden

Gründen:

... „Der klagende Verein hat den § 29 Abs. 2 seiner Satzungen im Auge, worin den Verwaltungsorganen die Übernahme aller mit irgendwelcher Gefahr verbundener Geschäfte verboten ist. Nach den Satzungen der Tabakverkaufsgenossenschaft beträgt die Haftsumme für jeden Geschäftsanteil 200 ℳ. Bei 400 Geschäftsanteilen ergibt sich danach eine Haftsumme von 80 000 ℳ. Eine so bedeutende Verpflichtungsübernahme enthält nach Ansicht des klagenden Vereins eine große Gefahr, die die vier Vorstandsmitglieder dem Vereine nicht hätten auferlegen dürfen. Die Klage wird, obgleich sie absichtliche Verheimlichung der Zeichnung behauptet, nicht auf unerlaubte Handlung, sondern allein auf Verletzung der Sorgfaltspflicht nach § 34 Abs. 2 GenG. gestützt. Der Berufungsrichter hat aus rein tatsächlichen Gründen jede schlimme Absicht der vier Vorstandsmitglieder verneint; er hat ihnen durchweg guten Glauben zuerkannt. Er verneint auch jede Verheimlichung, läßt es aber nach vielfachen Erörterungen schließlich doch dahingestellt, ob die Vorstandsmitglieder der Vorwurf einer Pflichtverletzung trifft. Es bedarf deshalb keiner

Erörterung aller dieser Ausführungen und der dagegen gerichteten Angriffe. Denn für die Revisionsinstanz ist davon auszugehen, daß die Frage nach einer Pflichtverletzung der Vorstandsmitglieder zu bejahen ist und das Berufungsurteil nur bestehen kann, wenn die Beklagten einen besonderen Befreiungsgrund vorschützen können.

Der Berufungsrichter weist die Klage ab, weil er die von den Beklagten nach § 34 Abs. 4 GenG. vorgeschützte Verjährungseinrede durchgreifen läßt. Gleich dem § 241 Abs. 5 HGB. läßt § 34 Abs. 4 GenG. Ansprüche aus Pflichtverletzungen von Vorstandsmitgliedern in fünf Jahren verjähren. Dieselbe Bestimmung enthält § 43 Abs. 4 GmbHG. hinsichtlich der Geschäftsführer. Über den Verjährungsbeginn geben alle diese Gesetze keine besondere Vorschrift. Es gilt daher, da derartige Ansprüche aus einem zweiseitigen Vertrag entspringen, § 198 BGB., wonach die Verjährung mit der Entstehung des Schadensersatzanspruchs beginnt. § 852 BGB., der es bei Schadensersatzansprüchen aus unerlaubten Handlungen auf den Zeitpunkt der Kenntnis von der Entstehung des Schadens und von der Person des Ersatzpflichtigen ankommen läßt, bleibt außer Betracht (vgl. Entsch. des RG.'s in Zivils. Bd. 39 S. 52). Entstanden ist ein Anspruch gemäß § 194 BGB. gegen den pflichtwidrig handelnden Vorstand nicht schon mit Vornahme der pflichtwidrigen Handlung, sondern erst in dem Augenblick, in dem der Schuldner rechtlich auf ein Tun oder Unterlassen in Anspruch genommen werden kann (Jur. Wochenschr. 1912 S. 29 Nr. 12). In dem hier zu entscheidenden Falle nahm die Verjährung von fünf Jahren somit ihren Lauf von dem Zeitpunkt an, wo die Vorstandsmitglieder auf Schadensersatz infolge ihrer Zeichnung in Anspruch genommen werden konnten.

Der Schaden, welchem die Vorstandsmitglieder ihren Verein aussetzten, war ein dreifacher. a) Sie verpflichteten durch ihre Zeichnung den klagenden Verein zunächst zur sofortigen Zahlung des Betrags der 400 Anteile von je 10 ℳ, also zu 4000 ℳ. b) Sie verpflichteten ihn durch ihre Zeichnung ferner bis zum Betrage von 400 mal 200 ℳ = 80000 ℳ für Verbindlichkeiten der Tabakverkaufsgenossenschaft einzustehen. c) Sie verpflichteten ihn durch ihre Zeichnung endlich, den Beschlüssen der Tabakverkaufsgenossenschaft, also auch den Beschlüssen vom 8. Dezember 1906 auf Erhöhung der Geschäftsanteile auf 55 ℳ, nachzukommen, sodaß der Kläger am 29. Dezember 1906 400 mal 55 ℳ = 22000 ℳ, d. h. den Betrag zahlen mußte, den er jetzt einklagt. Der Kläger vertritt den Standpunkt, sein Anspruch auf Ersatz dieser Schadenssumme von 22000 ℳ sei erst im Augenblicke der Zahlung entstanden, möge man auch berücksichtigen, daß von den 22000 ℳ der Betrag von 4000 ℳ, wie bereits erwähnt, sofort fällig wurde, als die Zeichnung am 21. Januar 1900 erfolgt war. Nach der nicht beanstandeten Feststellung des Berufungsrichters wurde die Klage am 8. und 9. Januar 1909 erhoben. Danach wäre die fünfjährige Verjährung noch nicht abgelaufen. Dieser Standpunkt des Klägers, der die Verjährung erst am 29. Dezember 1906 beginnen lassen will, wird vom Berufungsrichter mit folgender Begründung verworfen: den Vorstandsmitgliedern werde die Beteiligung des Klägers an der Tabakverkaufsgenossenschaft zum Vorwurf gemacht. Der Beitritt des Klägers zu dieser Genossenschaft habe diesem mit der Eintragung (§ 15 Abs. 3 GenG.) Mitgliedsrechte verliehen und ihm Mitgliedspflichten auferlegt. Diese gesellschaftlichen Rechte und Pflichten bildeten ein einheitliches Ganze. Werde der Kläger dadurch geschädigt, daß er Genosse wurde, so werde er nicht um die 4000 ℳ geschädigt, die er sofort als seinen Anteil bezahlen sollte, sondern er werde um den Betrag geschädigt, der sich als sein Verlust ergebe, wenn eine Ausgleichung aller aus seinem Beitritte sich ergebenden Vorteile und Nachteile vorgenommen worden sei und sich alsdann eine Verschlimmerung seiner Lage gegenüber seinem Stande zur Zeit seines Eintritts herausgestellt habe. Die Zahlung der 22000 ℳ und die Haftung für 80000 ℳ seien nur unselbständige Rechnungsposten eines einheitlichen Gesamtergebnisses. Die Folgerung aus dieser Auffassung sei allerdings die, daß der Kläger eine Leistungsklage auf Schadensersatz frühestens mit seinem Ausscheiden aus der Verkaufsgenossenschaft anstrengen könne. Wohl aber habe der Kläger schon im Augenblicke seines Eintritts und die ganze Verjährungszeit hindurch eine Feststellungsklage erheben können. Denn während dieser ganzen Zeit sei eine positive Schädigung des Klägers infolge der sehr ungünstigen Vermögenslage der Verkaufsgenossenschaft vorhanden gewesen. Längst vor dem 1. Januar 1904 sei der Schadensersatzanspruch des Klägers entstanden gewesen. Die fünf Jahre des § 34 GenG. seien daher zur Zeit der Klagerhebung abgelaufen gewesen. Aus diesen Gründen weist der Berufungsrichter die Klage ab.

Der Kläger erhebt gegen diese Begründung mit Unrecht den Vorwurf, der Berufungsrichter verkenne, daß die ausschließliche Zulässigkeit einer Feststellungsklage gerade das Bestehen eines Anspruchs ausschließe und damit den Beginn der Verjährung hindere. Dieser Vorwurf ist deshalb nicht berechtigt, weil der Anspruch auf Feststellung des Bestehens eines Rechtsverhältnisses nach § 256 ZPO., also hier des Bestehens einer Schadensersatzpflicht infolge Verletzung der Sorgfalt eines Vorstandsmitglieds, das Bestehen eines Anspruchs dieser Art zur materiellen Unterlage hat. Um die Verjährung des § 34 GenG. in Lauf zu setzen, genügt die Möglichkeit, eine die Verjährung unterbrechende Feststellungsklage zu erheben. Die §§ 194, 198 BGB. verlangen keineswegs, daß die Voraussetzungen zur Erhebung einer Leistungsklage gegeben sein müßten, damit die Verjährung beginnen könne. Für das Gebiet der unerlaubten Handlungen hat das Reichsgericht schon mehrfach so erkannt (Urteile vom 3. Februar 1908, Rep. VI. 130/07 und vom 10. November 1908, III. 43/08; ferner Jur. Wochenschr. 1907 S. 302 Nr. 5). Das letztere Urteil hat einen Fall zum Gegenstand, in dem der damalige Kläger durch eine wissentlich unwahre Auskunft zum Beitritte zu einer Gesellschaft bestimmt worden war; dem Kläger wurde dort die Erhebung einer Feststellungsklage zugemutet, wenn er vor Liquidation der Gesellschaft seinen Schaden nicht habe beziffern können. Es besteht kein Anlaß, im vorliegenden Falle eine andere Stellung einzunehmen; denn die Feststellungsklage ist die Form, in der ein Anspruch mit derselben, die Verjährung unterbrechenden Wirkung einer Leistungsklage zur Geltung gebracht werden kann und geltend gemacht werden muß, wenn der Beschädigte die Leistungsklage nicht erheben kann.

Damit erledigt sich auch der Vorwurf, die Erstattung der am 21. Januar 1900 fälligen, am 29. Dezember 1906 bezahlten 4000 *M* habe erst am 29. Dezember 1906 mit der Leistungsklage gefordert werden können, weil es zuvor nicht gewiß gewesen sei, ob die Verkaufsgenossenschaft die Einzahlung verlangen werde. Der Kläger war durch seinen Beitritt bereits mit der Zahlungspflicht belastet und zugleich geschädigt, weil er in allen Zeitpunkten bei einer Ausgleichung der Mitgliedsrechte und -pflichten eine

Vermögenseinbuße erleiden mußte. Nach dieser Sachlage kann es nicht auf die Zeit der Zahlung ankommen.

Der Kläger sucht auszuführen, die Verpflichtung, die erhöhten Anteile mit 18000 *M* infolge des Erhöhungsbeschlusses vom 8. Dezember 1909 zu bezahlen, erfordere eine andere rechtliche Beurteilung als die Verpflichtung zur Zahlung der Anteile in ihrer ursprünglichen Höhe von je 10 *M* mit zusammen 4000 *M*. Der Schuldgrund für Zahlung der 18000 *M* beruhe auf der Beschlußfassung vom 8. Dezember 1906; er sei daher selbständiger Natur und bilde einen neuen selbständigen Verpflichtungsgrund. Der Klagegrund, auf den der Anspruch auf Ersatz dieser 18000 *M* gestützt werde, sei also ein anderer als der Klagegrund, auf den hin der Ersatz der 4000 *M* verlangt werde. Diesem Angriff ist entgegenzuhalten: der klagende Verein hat nach der Feststellung des Berufungsrichters in den Generalversammlungen vom 20. Mai und 6. Dezember 1906 die Frage geprüft, ob es nicht im Hinblick auf die mißliche Lage der Verkaufsgenossenschaft angezeigt erscheine, den Austritt zu erklären. Die Generalversammlung vom 6. Dezember 1906 machte sich dahin schlüssig, bei der Verkaufsgenossenschaft auszuharren und in der Generalversammlung der Verkaufsgenossenschaft vom 8. Dezember 1906 für die einen Gegenstand der damaligen Tagesordnung bildende Erhöhung der Anteile von 10 *M* auf 55 *M* zu stimmen. Der klagende Verein hat sein Stimmrecht demgemäß ausgeübt. Daß seine Vorstandsmitglieder irgendein Vorwurf hinsichtlich des Zustandekommens des Beschlusses vom 6. Dezember 1906 treffe, wodurch er sich entschloß, für die vorgeschlagene Erhöhung der Anteile von 10 *M* auf 55 *M* zu stimmen und nicht auszutreten, wird nicht behauptet.

Die ursprüngliche schädigende Handlung bestand in dem Beitritte zu der Verkaufsgenossenschaft, der den Kläger zur Zahlung von 4000 *M* verpflichtete, ohne daß dieser Zahlung nach seiner nicht widerlegten Behauptung irgendein Wert gegenüberstände. Dieser Schade ist also der Mindestschade, der selbst bei einer Auseinandersetzung bestehen bleiben würde. Zu diesem Mindestschaden ist nach Ansicht des Klägers durch den Beschluß vom 8. Dezember 1906 nachträglich eine neue Schadensfolge hinzugetreten, die selbständiger Verjährung unterliegen soll. Die Schwierigkeiten, die sich ergeben, wenn schädigende Folgen einer Handlung nachträglich auftreten, oder wenn zu den ursprünglichen Schadensfolgen neue hinzutreten, haben das Reichsgericht in Hinblick auf die Anwendung der Verjährungsgrundsätze mehrfach beschäftigt, wenn die schädigende Handlung sich als eine unerlaubte darstellte. Nach dieser Rechtsprechung bildet der gesamte aus einer unerlaubten Handlung entstehende Schade ein einheitliches Ganze. Nur wenn später aus der unerlaubten Handlung neue schädigende Folgen hervorgehen oder ersichtlich werden, die sich zuvor nicht voraussehen oder erwarten ließen, beginnt für diese eine besondere selbständige Verjährung mit ihrer Kenntnis und der Kenntnis des ursächlichen Zusammenhanges mit der unerlaubten Handlung (vgl. Entsch. des RG.'s in Zivils. Bd. 70 S. 157; Jur. Wochenschr. 1908 S. 10 Nr. 11, 1909 S. 725 Nr. 19; Warneyer 1912 Nr. 432, 1913 Nr. 143). Danach schließt die Ungewißheit über den Umfang und die Höhe des Schadens den Beginn der Verjährung nicht aus; alle Folgezustände, die im Zeitpunkte der Erlangung der Kenntnis von dem Schaden überhaupt nur als möglich vorauszusehen waren, gelten durch die allgemeine Kenntnis von dem Schaden als dem Verletzten bekannt geworden.

Nun beruht zwar diese Rechtsprechung auf dem § 852 Abs. 1 BGB., einer Gesetzesbestimmung, die abweichend von dem hier maßgebenden § 198 BGB., zum Beginne der kurzen dreijährigen Verjährung die Kenntnis des Verletzten von dem Schaden und der Person des Ersatzpflichtigen verlangt. Ungeachtet dieser Verschiedenheit bietet sie aber doch Anhaltspunkte für den Verjährungsbeginn nach § 198 BGB., wenn sich nach Entstehung eines Schadensersatzanspruchs der ursprüngliche Schade vergrößert und Streit entsteht, ob die Einheitlichkeit des ganzen Schadensersatzanspruchs aufgehoben worden ist. Die Rechtsprechung zu § 852 Abs. 1 BGB. bringt den der Natur der Sache entsprechenden Grundsatz zum Ausdrucke, daß die Einheitlichkeit des Schadens so lange gewahrt bleibt, als die Schadensfolgen sich noch als eine nach den Anschauungen des Verkehrs möglicherweise zu erwartende Weiterentwickelung der zum Schadensersatze verbindenden Handlung ansehen lassen. Dieser Grundsatz ist ein allgemein gültiger. Er hat auch die Entscheiduug zu geben, wenn, wie hier, eine Genossenschaft ihre Vorstandsmitglieder wegen Sorgfaltsverletzung aus § 34 GenG. verantwortlich macht.

Wendet man diesen Grundsatz an, so hat die Verjährung auch für den auf Erstattung von 18000 *M* gerichteten Anspruch längst vor dem 1. Januar 1904 begonnen. Denn die Verkaufsgenossenschaft stand schon bei Eintritt des klagenden Vereins so schlecht, daß der Kläger unter allen Umständen geschädigt werden mußte. Die Verhältnisse haben sich nie gebessert. Der Generalversammlungsbeschluß vom 8. Dezember 1906 war nach den Anschauungen des Verkehrs als eine für möglich zu erwartende Folge des durch den Beitritt des Klägers geschaffenen Zustandes zu erachten. Er war ein vom Kläger gebilligter Heilungsversuch, der sich in der Folge als vergeblich erwiesen hat. Durch diese verunglückte Maßregel wurde der Schade des Klägers vergrößert. Die Einheitlichkeit des ganzen Schadens wurde aber dadurch nicht aufgehoben. Der klagende Verein konnte allerdings vor dem 8. Dezember 1906 keine Leistungsklage auf Ersatz der 18000 *M* erheben, wohl aber konnte und mußte er die Feststellungsklage erheben. Was über die Feststellungsklage hinsichtlich der Verjährung des Anspruchs auf Ersatz der 4000 *M* bemerkt worden ist, gilt somit auch für die Verjährung des Anspruchs auf Ersatz der 18000 *M*.

Hiernach ist dem Berufungsgericht auch darin beizutreten, daß der Anspruch auf die 18000 *M* verjährt ist. . . .

Der Berufungsrichter hat endlich den von der Revision nicht berührten Ausspruch getan, es könnten die Vorstandsmitglieder, auch abgesehen von der Verjährungseinrede, die durchgreife, auf Ersatz der 22000 *M* nicht völlig in Anspruch genommen werden, weil der Kläger durch seine Abstimmung in der Generalversammlung der Verkaufsgenossenschaft vom 8. Dezember 1906 die Erhöhung der Anteile gebilligt und sich durch seinen Generalversammlungsbeschluß vom 6. Dezember 1906 für das Verbleiben bei der Verkaufsgenossenschaft entschieden habe. Diese Billigung sei die Ursache des Schadens, der aus der Fortdauer der Beteiligung des Klägers erwachsen sei. Welchen Schaden der Berufungsrichter danach auf das Verhalten des Klägers selbst zurückführen will, hat er nicht eingehender dargelegt. Es bedarf keines Eingehens auf diesen Punkt, weil das Urteil des Oberlandesgerichts sich aus den bereits erörterten Gründen als gerechtfertigt erweist."

81. **1. Kreditschädigung durch Mitteilungen der Tagespresse. Berechtigtes Interesse im Sinne von § 824 Abs. 2 BGB.**
2. Gehört der Handelsteil einer größeren Tageszeitung zur Fachpresse?
3. Darf die Aufnahme einer Berichtigung durch Ermittelungen über ihren Inhalt verzögert werden?

BGB. § 824 Abs. 2.
RPreßG. § 11.

VI. Zivilsenat. Urt. v. 11. Dezember 1913 i. S. der A. M. Land- und Industriebauten-Aktiengesellschaft (Kl.) w. A. Sch., G. m. b. H. (Bekl.). Rep. VI. 383/13.

I. Landgericht I Berlin.
II. Kammergericht daselbst.

In der Abendausgabe des von der Beklagten verlegten Berliner Lokalanzeigers vom 26. Januar 1912 war eine Mitteilung enthalten, in der gesagt wurde, es seien in der Verwaltung der klagenden Gesellschaft starke Differenzen zutage getreten, die zu Beschuldigungen strafrechtlicher Natur, sowie zu Beleidigungs- und Zivilprozessen geführt hätten. Hiermit stehe im Zusammenhange, daß sich auf der am 31. d. M. stattfindenden Generalversammlung ein Punkt „Abberufung eines Aufsichtsratsmitglieds" befinde. Die Klägerin sandte eine Berichtigung ein, die zwar in der Sonntagsausgabe vom 28. Januar 1912 Aufnahme fand, aber mit dem Zusatze versehen wurde, daß der Gewährsmann des Blattes seine Mitteilungen im vollen Umfange aufrecht erhalte. Nunmehr verlangte die Klägerin, die Beklagte zu verurteilen, 1. die weitere Verbreitung der erwähnten Mitteilung bei Meidung einer Strafe von 1500 *M* für jeden Fall der Zuwiderhandlung zu unterlassen, 2. durch Inserat in einer Reihe von Zeitungen bekannt zu geben, daß jene Mitteilung unrichtig sei, 3. der Klägerin 100000 *M* nebst Zinsen zu zahlen. Vom Landgerichte wurde die Klage abgewiesen und die eingelegte Berufung vom Kammergericht zurückgewiesen. Die Revision der Klägerin hatte in bezug auf die Anträge zu 2 und 3 Erfolg.

Aus den Gründen:

„Das Berufungsgericht nimmt an, daß die Bekanntmachung der im Handelsteile des Lokalanzeigers vom 26. und 28. Januar 1912 erschienenen Mitteilungen auf das Zusammenwirken der Beklagten mit dem von ihr für den Handelsteil bestellten Redakteur M. zurückzuführen sei, da M. die Aufnahme der Mitteilungen veranlaßt und die Beklagte die Zeitung verbreitet hat. Den ersten Klagantrag hält es deswegen für unbegründet, weil keine Tatsachen behauptet seien, aus denen sich die Gefahr einer Wiederholung entnehmen ließe, während andere Umstände eine Wiederholung sogar als ausgeschlossen erscheinen ließen. Den hierher gehörigen Ausführungen des Vorderrichters ist lediglich beizutreten und daher war die Revision, soweit es sich um den ersten Klagantrag handelt, zurückzuweisen.

Daß die Veröffentlichung des Lokalanzeigers geeignet war, den Kredit der Klägerin zu gefährden und Nachteile für ihren Erwerb herbeizuführen, ist mit dem Vorderrichter unbedenklich anzunehmen. Er sagt mit Recht, daß starke Differenzen innerhalb der Verwaltung einer Aktiengesellschaft den Geschäftsgang und die Entwickelung des Unternehmens ungünstig beeinflussen können. Hieraus aber folgt ohne weiteres, daß unrichtige Nachrichten dieser Art schädlich wirken, weil sie das Publikum, das die Unrichtigkeit nicht kennt, mißtrauisch machen müssen. Verursacht also eine solche falsche Nachricht tatsächlich Schaden, so steht dem Verletzten auch ein Ersatzanspruch zu, sofern dessen sonstige Voraussetzungen gegeben sind. Der Vorderrichter hat dies zunächst unter dem Gesichtspunkte des § 824 BGB. geprüft und ist zu dem Ergebnis gelangt, daß dessen Abs. 2 eingreife. Die Unrichtigkeit der Nachricht sei der Beklagten nicht bekannt gewesen, die Redaktion des Handelsteils habe aber ein berechtigtes Interesse daran, auf Vorgänge und Verhältnisse innerhalb einer Charlottenburger Aktiengesellschaft hinzuweisen, falls diese Umstände für die Bewertung der Gesellschaft und ihrer Aktien von Erheblichkeit seien. Ebenso bestehe ein berechtigtes Interesse der Leser an dem Empfange solcher Mitteilungen. Der Handelsteil einer Zeitung von der Bedeutung des Lokalanzeigers gehöre zur Fachpresse und dieser sei die Befugnis einzuräumen, auf ihrem Gebiet aufklärend und belehrend einzugreifen. Daß diese Begründung die angefochtene Entscheidung nicht trägt, muß der Revision zugegeben werden.

Mit der Stellung der Fachpresse hat sich das Reichsgericht in einem Urteile vom 4. März 1904 Rep. II. 337/03 genauer beschäftigt. Es handelte sich um Aufsätze, die in der Süddeutschen Tabakzeitung erschienen waren und sich gegen die Bestrebungen des amerikanischen Tabaktrustes richteten. Von der damaligen Klägerin war in den Artikeln gesagt worden, sie sei eine amerikanische Trustbildung, wolle unter deutschem Deckmantel amerikanischen Geschäften Vorschub leisten und treibe unlauteren Wettbewerb. Vom Reichsgerichte wurde ausgeführt, daß zwar ein allgemeines Recht der Tagespresse nicht bestehe, vermeintliche Übelstände und wirtschaftliche Gefahren öffentlich zu erörtern, daß aber ein solches Recht dann anzuerkennen sei, wenn der besprochene Gegenstand den Täter selbst wegen einer besonderen Beziehung angehe. In tatsächlicher Hinsicht stand damals fest, daß die Süddeutsche Tabakzeitung als das Veröffentlichungsorgan des Deutschen Tabakvereins anzusehen und der Verleger vertraglich verpflichtet war, in der Zeitung Angelegenheiten zu erörtern, die die Interessen der Vereinsgenossen berührten. Bei dieser Sachlage wurde die Auffassung gebilligt, der damals verklagte Verleger habe berechtigte Interessen wahrgenommen, seine eigenen und die der Mitglieder des Deutschen Tabakvereins.

In dem jetzt zur Entscheidung stehenden Falle ist die Sachlage eine wesentlich andere. Der Lokalanzeiger hat, wie wohl alle größeren Tageszeitungen, einen Handelsteil, in dem Vorgänge des Erwerbslebens, die für den Leserkreis von Interesse sein können, mitgeteilt und besprochen werden. Hierdurch allein entsteht aber noch nicht die vom Reichsgericht geforderte besondere Beziehung; der Redakteur des Handelsteils steht vielmehr zu den in seinen Tätigkeitskreis fallenden Gegenständen, sowie zu den Abonnenten in keinem anderen Verhältnisse, wie etwa der Leiter des musikalischen oder literarischen Teiles einer größeren Zeitung. Noch weniger wird der Verleger einer politischen Tageszeitung deswegen zum Herausgeber eines Fachblatts, weil seine Zeitung zugleich Nachrichten über Handel und Verkehr oder Kunst und Wissenschaft bringt. Die politische Tageszeitung wendet sich an das Publikum als solches, nicht an einzelne Fachkreise, sie will dessen Interessen dienen und daher möglichst alle Gebiete berücksichtigen, die für dieses Publikum von Bedeutung sein können. Daß sie die Fülle des Stoffes räumlich nach sachlichen Gesichtspunkten sondert, macht diese Abteilungen noch nicht zu Fachblättern. Im besonderen Maße gilt das für den Handelsteil, der bei der heutigen Gestaltung der wirtschaftlichen Verhältnisse für sehr weite Leserkreise von der erheblichsten Bedeutung ist und nicht bloß die mit Handel und Verkehr beruflich befaßten Personen interessiert. Das hat zur Folge, daß der Handelsteil der Tageszeitungen auch von vielen Personen gelesen wird, denen alle fachlichen Vorkenntnisse fehlen, was bei wirklichen Fachblättern nicht der Fall zu sein pflegt. Ob unter Umständen der Handelsteil einer Tageszeitung wegen der Bedeutung seines Inhalts und dessen formeller Gestaltung zu einem wahren Fachlatte werden kann, kann dahingestellt bleiben. Jedenfalls würde der diese Eigenschaft begründende Sachverhalt im gegebenen Falle einer besonderen Feststellung bedürfen, die der Vorderrichter nicht getroffen hat. Daß der Handelsteil einer Zeitung von der Bedeutung des Lokalanzeigers ohne weiteres zur Fachpresse zu rechnen sei, kann nicht als richtig zugegeben werden.

Auch das Bd. 60 S. 1 flg. der Entsch. des RG.'s in Zivils. abgedruckte Urteil des erkennenden Senats läßt sich nicht zur Unterstützung der angefochtenen Entscheidung heranziehen. Dort wurde es als das gute Recht eines literarischen Unternehmens, eines Konversationslexikons, das sich die große und verdienstliche Aufgabe gestellt habe, auf allen Gebieten des Wissens eine der allgemeinen Durchschnittsbildung zugängliche Unterweisung zu geben, anerkannt, auf dem Gebiete des Geheimmittelwesens aufklärend und belehrend einzugreifen. Mit einem solchen wissenschaftlichen Unternehmen läßt sich der Handelsteil einer Tageszeitung nicht vergleichen, noch viel weniger die vorliegend von der Klägerin beanstandete, nicht wissenschaftliche, sondern rein tatsächliche Mitteilung; es können daher auch nicht die gleichen Grundsätze für die Beurteilung maßgebend sein.

Daß die Leser des Handelsteils ein Interesse daran haben mögen, über die Vorgänge auf wirtschaftlichem Gebiet unterrichtet zu werden, ist nicht zu bezweifeln. Aber auch hier fehlt die besondere Beziehung zu dem besprochenen Vorgange, die das im allgemeinen vielleicht vorhandene Interesse zu dem vom Abs. 2 des § 824 BGB. geschützten berechtigten Interesse macht. In dem Abschluß eines Abonnementsvertrags liegt es noch nicht; der Abonnent steht zu dem Handelsteil in keinem anderen Verhältnis als zu dem politischen Teile oder dem sonstigen Inhalt einer Zeitung. Je nach seiner Lebensstellung wird der eine oder der andere Abschnitt der Zeitung für ihn von größerer oder geringerer Bedeutung sein und wohl immer wird eine Zeitung auch Nachrichten enthalten, die für ihn überhaupt kein Interesse haben. Ob nicht schon dieser Umstand es verhindert, für den Leserkreis einer Tageszeitung als Empfänger der darin enthaltenen Mitteilungen ein berechtigtes Interesse an diesen Mitteilungen im Sinne des Gesetzes anzunehmen, darf dahingestellt bleiben.

Entfällt hiernach für jetzt die Anwendbarkeit des § 824 Abs. 2 BGB., so wird es erheblich, ob die in der beanstandeten Mitteilung enthaltenen Angaben der Wahrheit entsprachen, falls dies aber nicht der Fall war, ob die Beklagte die Unwahrheit bei Anwendung der im Verkehr erforderlichen Sorgfalt hätte kennen müssen. Nach dieser Richtung ist die Tatsache festgestellt, daß weder der Geschäftsführer der Beklagten, noch der Redakteur des Handelsteils, noch der Gewährsmann des letzteren L. die Unwahrheit kannten. In bezug auf ihr Verhalten wird mit Recht ein Handeln gegen die guten Sitten, BGB. § 826, abgelehnt. Für die Anwendbarkeit des § 824 Abs. 1 wird sodann zwischen den beiden Veröffentlichungen zu unterscheiden sein; es ist denkbar, daß zwar bei der ersten Veröffentlichung die erforderliche Sorgfalt angewendet worden wäre, nicht aber bei der Beifügung des Zusatzes zu der Berichtigung, von der die Klägerin behauptet, daß sie verspätet veröffentlicht und daß ihr gerade durch die Verspätung und den Zusatz, der Gewährsmann halte seine Mitteilungen im vollen Umfange aufrecht, schwerer Schade zugefügt worden sei. Nach § 11 Abs. 2 des Gesetzes über die Presse muß der Abdruck einer Berichtigung in der nach Empfang der Einsendung nächstfolgenden, für den Druck nicht bereits abgeschlossenen Nummer erfolgen. Nach der Behauptung der Klägerin ist das hier nicht geschehen, die Berichtigung hätte ihrer Ansicht nach schon in der Abendausgabe des Lokalanzeigers vom 27. Januar 1912 veröffentlicht werden müssen. Ob das zutrifft, läßt sich nach den zurzeit vorliegenden Feststellungen nicht entscheiden. Es möge daher nur bemerkt werden, daß die Aufnahme der Berichtigung nicht durch Ermittelungen verzögert werden darf, die von der Zeitung über die sachliche Richtigkeit der Berichtigung angestellt werden." ...

82. Genießt eine ausländische, nach den Gesetzen ihres Heimatstaates mit juristischer Persönlichkeit ausgestattete Handelsgesellschaft die Rechtsfähigkeit auch im Inlande?

II. Zivilsenat. Urt. v. 16. Dezember 1913 i. S. M. (Bekl.) w. P. (Kl.). Rep. II. 523/13.

I. Landgericht Stuttgart, Kammer für Handelssachen.
II. Oberlandesgericht daselbst.

Die Frage wurde in Übereinstimmung mit den Vorinstanzen bejaht aus folgenden

Gründen:

„Nach den Feststellungen des Berufungsgerichts ist die Klägerin eine nach den Gesetzen ihres Heimatstaats Wisconsin gegründete, in Janesville domizilierte, mit juristischer Persönlichkeit ausgestattete, ihrem rechtlichen Wesen nach der deutschen Aktiengesellschaft oder der Gesellschaft mit beschränkter Haftung verwandte Handelsgesellschaft. Ihre Rechts-, Partei- und Prozeßfähigkeit sowie ihre gehörige Vertretung ist von dem Berufungsgerichte mit zutreffender Begründung bejaht worden. Zwar fehlt es an einer ausdrücklichen reichsgesetzlichen Vorschrift, die den ausländischen, mit juristischer Persönlichkeit ausgestatteten handelsrechtlichen Vereinigungen die Rechtsfähigkeit auch für das Inland verliehe. Die in den Entwürfen enthaltene allgemeine Bestimmung, wonach die juristische Persönlichkeit nach den Gesetzen des Ortes beurteilt werden sollte, wo sie ihren Sitz hat, ist vom Bundesrate gestrichen worden. Art. 7 EG. z. BGB. bezieht sich nur auf natürliche Personen. Art. 10 daselbst hat auf Handelsgesellschaften irgendwelcher Art überhaupt keinen Bezug, sondern nur auf solche Vereine, über deren Rechtsfähigkeit besondere reichsgesetzliche Vorschriften nicht erlassen sind. Er bestimmt nämlich, daß ein einem fremden Staate angehörender und nach dessen Gesetzen rechtsfähiger Verein, der die Rechtsfähigkeit im Inlande nur nach den Vorschriften der §§ 21, 22 BGB. erlangen könnte, als rechtsfähig gilt, wenn seine Rechtsfähigkeit durch Beschluß des Bundesrats anerkannt ist. Nach § 22 BGB. ist zur Erlangung der Rechtsfähigkeit eines inländischen Vereins, dessen Zweck auf einen wirtschaftlichen Geschäftsbetrieb gerichtet ist, die staatliche Verleihung nötig, jedoch nur in Ermangelung besonderer reichsgesetzlicher Vorschriften. Solche besondere Vorschriften über die Erlangung der Rechtsfähigkeit bestehen namentlich für die handelsrechtlichen Vereinigungen (Aktiengesellschaften, Gesellschaften m. b. H., Erwerbs- und Wirtschaftsgenossenschaften). Für sie kann daher das Erfordernis der staatlichen Verleihung der Rechtsfähigkeit keinesfalls in Betracht kommen.

Hiernach ist durch Streichung jener allgemeinen Bestimmung der Entwürfe in betreff der ausländischen mit juristischer Persönlichkeit bekleideten handelsrechtlichen Vereinigungen eine Lücke entstanden. Die Streichung hat jedoch nicht die Bedeutung, daß die Rechtsfähigkeit dieser Vereinigungen im Inlande nicht anerkannt werden sollte. Schon in der Kommission wurde die Streichung beantragt, weil die Bestimmung teils unnötig, teils unhaltbar sei. Inbetreff der handelsrechtlichen Vereinigungen wurde bemerkt, zu einer besonderen Vorschrift liege kein Bedürfnis vor; sowohl in der Literatur als in der Rechtsprechung werde ihnen schon jetzt die Rechtsfähigkeit im Inlande zugestanden, wenn sie nach den Gesetzen ihres ausländischen Sitzes solche besäßen. Die Kommission hat jedoch beschlossen, den § 1 beizubehalten mit dem Zusatze „Vereine, die nach deutschen Gesetzen die Rechtsfähigkeit nur durch Eintragung in das Vereinsregister oder durch staatliche Verleihung erlangen können, sind, wenn sie ihren Sitz nicht im Inlande haben, nur dann rechtsfähig, wenn sie die Rechtsfähigkeit durch Verleihung in einem Bundesstaate erlangt haben". Die Streichung der allgemeinen Bestimmung wurde abgelehnt mit folgender Begründung: „Da die Meinungen über das Prinzip geteilt seien und das ausländische Recht bezüglich der kommerziellen und industriellen Gesellschaften eine verschiedene Stellung einnehme, würde die Streichung Rechtsungewißheit zur Folge haben. In der Sache bestehe Einverständnis, daß die Rechtsfähigkeit der ausländischen öffentlich-rechtlichen Korporationen und ebenso die der handelsrechtlichen Erwerbsgesellschaften ohne weiteres anzuerkennen sei" (vgl. Prot. Bd. 6 S. 24 und 26). Die Meinung des Antragstellers, daß die Rechtsfähigkeit ausländischer handelsrechtlicher Vereinigungen im Inlande bereits in Rechtsprechung und Literatur anerkannt werde, hat von der Kommission keinen Widerspruch, sondern mehr eine Bestätigung erfahren. Ohne erkennbare Gründe ist der Bestimmung vom Bundesrate die Fassung des jetzigen Art. 10 EG. z. BGB. gegeben worden. Unter den festgestellten Umständen ist aus dem Stillschweigen des Gesetzes zu folgern, daß man es in Beziehung auf die ausländischen Erwerbsgesellschaften bei dem bestehenden, auf einem Bedürfnisse des heutigen Weltverkehrs beruhenden Rechtszustande hat bewenden lassen wollen und eine besondere Vorschrift nicht für nötig gehalten hat.

Zur Unterstützung dieser Auffassung mag noch auf die Bestrebungen des Deutschen Reichs zum Schutze des internationalen Privatrechts hingewiesen werden, wie sie sich äußern in der Beteiligung an der Pariser Union vom 20. März 1883 zum Schutze des gewerblichen Eigentums und an dem Haager Abkommen vom 17. Juli 1905, in Kraft seit 27. April 1909 (RGBl. 1909 S. 409) usw. Denn wenn auch diese Verträge für den Rechtsstreit keine unmittelbare Bedeutung haben, so offenbart doch die Beteiligung hieran den Geist, mit dem die Rechtsentwickelung im Deutschen Reiche derartigen Fragen des internationalen Privatrechts gegenübersteht. Mit diesen Bestrebungen würde es nicht wohl zu vereinigen sein, wenn einer ausländischen, nach dem an ihrem Sitze geltenden Rechte rechtsfähigen Handelsgesellschaft im Inlande zum Schaden des internationalen Verkehrs die Rechtsfähigkeit versagt wäre. Daher ist die Rechts-, Partei- und Prozeßfähigkeit solcher auswärtiger Handelsgesellschaften auch im Inlande anzuerkennen, soweit sie nicht im Widerspruche mit Art. 30 EG. z. BGB. gegen die guten Sitten oder gegen den Zweck eines deutschen Gesetzes verstoßen.

Auf diesem Standpunkte stehen denn auch einstimmig Rechtsprechung und Rechtslehre. Insbesondere hat auch das Reichsgericht schon wiederholt die Rechtsfähigkeit solcher ausländischen Handelsgesellschaften anerkannt, so der I. Zivilsenat in den Entsch. des RG.'s in Zivils. Bd. 72 S. 248, der erkennende Senat in dem Urteile vom 7. Oktober 1904 Rep. II. 13/04, abgedruckt in Niemeyers Zeitschr. f. Priv.- u. Öffentl. Recht Bd. 15 S. 293. Das Urteil des I. Zivilsenats I 457/03 steht dieser Auffassung nicht entgegen, weil es sich mit einer Gesellschaft befaßt, die nur dem Namen nach ihren Sitz im Auslande, in der Tat jedoch nach allen in Betracht kommenden Umständen ihren Verwaltungssitz und Geschäftsbetrieb in Hamburg hatte, derart, daß, wie es in dem Urteile heißt, der nominelle Sitz in Washington keine rechtliche Bedeutung habe.

Verschieden von der Rechtsfähigkeit einer ausländischen Erwerbsgesellschaft ist ihre Befugnis zum Gewerbebetrieb im Inlande, soweit hierzu eine Erlaubnis erforderlich ist. Die Notwendigkeit einer Erlaubnis für den gewerbsmäßigen inländischen Betrieb erstreckt sich jedoch keineswegs ohne weiteres auf den Abschluß einzelner Geschäfte. Ein Gewerbebetrieb der Klägerin in Deutschland steht nicht in Frage. Deshalb ist für die Anwendbarkeit des irrevisiblen Art. 282 des württembergischen AG. z. BGB. kein Raum."

---

83. Inwieweit wird der Gesellschafter einer Gesellschaft m. b. H. durch Zahlungen befreit, die er in der Zeit zwischen dem Abschlusse des Gründungsvertrags und der Eintragung der Gesellschaft in das Handelsregister auf seine Stammeinlage leistet?

GmbHG. §§ 11, 7, 8.

II. Zivilsenat. Urt. v. 16. Dezember 1913 i. S. W. (Kl.) w. Blumenfreund G. m. b. H. in Konkurs (Bekl.). Rep. II. 532/13.

I. Landgericht Breslau.
II. Oberlandesgericht daselbst.

Der Kläger und der Kaufmann D. schlossen am 25. Februar 1911 einen notariellen Vertrag, wodurch sie die Gesellschaft „Blumenfreund, Gesellschaft für Herstellung und Vertrieb von Blumentopfhaltern und Ständern m. b. H." errichteten, und worin sich der Kläger zur Leistung einer Stammeinlage von 10000 ℳ bar neben einer Sacheinlage im Werte von 10000 ℳ verpflichtete. Der Kläger zahlte die 10000 ℳ in mehreren Raten in der Zeit vom 25. März bis 7. Juli 1911 an den Geschäftsführer D. Die Eintragung der Gesellschaft in das Handelsregister wurde vom Registerrichter zunächst abgelehnt und fand erst am 11. September 1911 statt, nachdem der Gesellschaftsvertrag inzwischen mehrfach abgeändert und am 30. August 1911 neu beurkundet worden war. Von den gezahlten 10000 ℳ waren zur Zeit der Eintragung nur noch 2725 ℳ vorhanden.

Die Gesellschaft, vertreten durch ihren Geschäftsführer D. verlangte vom Beklagten die Zahlung des Stammeinlagerestes von 7275 *M*. Der Kläger erhob gegen die Gesellschaft Klage mit dem Antrage, festzustellen, daß er die Bareinlage von 10000 *M* vollständig geleistet habe. Nachdem über das Vermögen der Gesellschaft Konkurs eröffnet war, verlangte der Konkursverwalter widerklagend die Verurteilung des Klägers zur Zahlung von 7275 *M* nebst Zinsen.

Während der erste Richter der Klage stattgab und die Widerklage abwies, erkannte das Oberlandesgericht nach den Anträgen des Beklagten. Die Revision des Klägers wurde zurückgewiesen aus folgenden

Gründen:

„Nach §§ 1, 2 des Gesetzes vom 20. April 1892/20. März 1908 ist Voraussetzung der Entstehung einer Gesellschaft m. b. H. der Abschluß eines Gesellschaftsvertrags in gerichtlicher oder notarieller Form. Durch den Abschluß dieses Vertrags allein gelangt aber die Gesellschaft nicht zur Entstehung; denn nach § 11 besteht sie vor ihrer Eintragung in das Handelsregister als solche nicht. Ihre Entstehung ist also noch von einem gerichtlichen Akte abhängig, auf dessen Herbeiführung die Gesellschafter durch den von ihnen im Gesellschaftsvertrage berufenen Geschäftsführer gemäß §§ 7, 8, 78 des Gesetzes hinzuwirken haben, und der nach §§ 7, 8 erst vorgenommen werden darf, wenn die Gesellschafter von jeder bar zu leistenden Stammeinlage ein Viertel eingezahlt haben und diese Viertel sich zur Zeit der Anmeldung zum Handelsregister in der freien Verfügung des Geschäftsführers befinden.

Der Kläger und D. als alleinige Gesellschafter der von ihnen zu errichtenden Gesellschaft m. b. H. haben in dem notariellen Gesellschaftsvertrage vom 25. Februar 1911 die erste Grundlage für die Errichtung dieser Gesellschaft geschaffen; sie sind auch bemüht gewesen, alsbald die Eintragung der Gesellschaft in das Handelsregister zu erwirken und damit die Gesellschaft selbst zur Entstehung zu bringen; ihre Bemühungen sind aber zunächst an der Ablehnung der Eintragung durch den Registerrichter gescheitert. Sie haben alsdann an dem notariellen Gründungsvertrage vom 25. Februar 1911 mit weiteren notariellen Verträgen vom 25. März, 24. April und 30. August 1911 Änderungen vorgenommen und am letzteren Tage den Vertrag in der durch die mehrfachen Änderungen einzelner

Vertragsbestimmungen bedingten neuen Fassung nochmals in notarieller Form beurkundet. Die grundlegenden Bestimmungen über das Stammkapital und die Verteilung der Stammeinlagen auf die beiden Gesellschafter sind von den vorgenommenen Änderungen unberührt geblieben, insbesondere diejenige Bestimmung der ursprünglichen Vereinbarung, wonach der Kläger auf das Stammkapital von 40000 ℳ eine Bareinlage von 10000 ℳ zu machen hatte. Hiernach bildete die vertragliche Grundlage der am 10. September 1911 erfolgten Eintragung der Gesellschaft m. b. H. in das Handelsregister der Gesellschaftsvertrag vom 25. Februar 1911; mit ihm wurde vom Kläger und von D. die Gesellschaft gegründet, die die Eintragung der Gesellschaft m. b. H. erwirken sollte; die späteren Änderungen dieses Vertrags bilden nur Änderungen des Statuts dieser am 25. Februar 1911 errichteten Gesellschaft, die den Zweck der Gesellschaftsgründung nicht berühren und die am 25. Februar 1911 ins Leben gerufene Gesellschaft als solche fortbestehen lassen.

Der Kläger hat in der Zeit vom 25. März bis 7. Juli 1911, also in der Zwischenzeit zwischen der am 25. Februar 1911 erfolgten Gründung der mit D. eingegangenen Gesellschaft und der Eintragung der zu gründenden Gesellschaft m. b. H. in das Handelsregister, die Bareinlage von 10000 ℳ in Raten an den im genannten Vertrage bestimmten Geschäftsführer D. der zu errichtenden Gesellschaft m. b. H. gezahlt. Bei der am 10. September 1911 erfolgten Eintragung der Gesellschaft m. b. H. sind von diesem Gelde nur noch 2725 ℳ vorhanden gewesen und durch D. in das Vermögen der Gesellschaft m. b. H. gelangt. Für die Revisionsinstanz ist zu unterstellen, daß D. vor Eintragung der Gesellschaft in das Handelsregister 7275 ℳ der vom Kläger geleisteten Barzahlungen zur Reklame für das von der Gesellschaft m. b. H. zu betreibende Geschäft und zur Anschaffung von Gegenständen verwendet hat, die im Betriebe des Geschäfts Verwendung gefunden haben, nachdem sie am 10. September 1911 in deren Besitz gelangt sind.

Zur Entscheidung steht hiernach die Frage, ob der Kläger durch die von ihm nach Abschluß des Gründungsvertrags vom 25. Februar 1911 bis zum 7. Juli 1911 an D. auf seine Stammeinlage geleisteten Zahlungen von insgesamt 10000 ℳ gegenüber der am 10. September 1911 entstandenen Gesellschaft m. b. H. auch insoweit von seiner Verpflichtung zur baren Einzahlung dieser Stammeinlage befreit worden ist, als diese am 10. September 1911 der Gesellschaft m. b. H. durch deren Geschäftsführer nicht mehr in bar zur Verfügung gehalten wurde, und ob er verpflichtet ist, den an diesem Tage der Gesellschaft nicht mehr bar zur Verfügung stehenden Teil der an D. vorher geleisteten Zahlungen in bar der Gesellschaft m. b. H. oder jetzt an den Verwalter des über deren Vermögen eröffneten Konkurses zu zahlen.

Anerkannten Rechtens (vgl. Entsch. des RG.'s in Zivils. Bd. 58 S. 55) wird durch den notariellen Abschluß des Gesellschaftsvertrags über die Gründung einer Gesellschaft m. b. H. unter den Gesellschaftern eine Gesellschaft bürgerlichen Rechtes ins Leben gerufen, die durch Eintragung in das Handelsregister eine Gesellschaft m. b. H. werden soll, die also zu dem Zwecke, und zwar lediglich dazu begründet ist, die in Aussicht genommene Gesellschaft m. b. H. zur Entstehung zu bringen. Aus diesem Zwecke der Errichtung der Gesellschaft bürgerlichen Rechtes ergibt sich als Folge, daß diese Gesellschaft selbst und ihr im Gesellschaftsvertrage berufener geschäftsführender Gesellschafter, der zugleich zum Geschäftsführer der zur Entstehung zu bringenden Gesellschaft m. b. H. bestimmt ist, in der Zeit zwischen dem Abschlusse des Gesellschaftsvertrags und der Erwirkung der Eintragung der Gesellschaft m. b. H. nur zur Tätigung solcher Rechtsakte berufen ist, die mit dem Zwecke der Gesellschaftserrichtung, die Gesellschaft m. b. H. zur Entstehung zu bringen, in Verbindung stehen und, sofern nicht der Gesellschaftsvertrag etwas anderes bestimmen möchte, auch zur Erreichung dieses Zweckes notwendig sind. Deshalb können auch die Rechte und Pflichten, die aus Rechtsakten des geschäftsführenden Gesellschafters der Gesellschaft bürgerlichen Rechtes für und gegen diese entstehen, nur dann über die Auflösung dieser Gesellschaft — die mit der Erreichung ihres Zweckes, der Eintragung der Gesellschaft m. b. H. eintritt — hinausgehen und auch die Gesellschaft m. b. H. berechtigen und verpflichten, wenn ihre Tätigung zur Begründung dieser Gesellschaft notwendig war. Alle anderen Rechtsakte des geschäftsführenden Gesellschafters der Gesellschaft bürgerlichen Rechtes berechtigen und verpflichten nur diese Gesellschaft, nicht aber auch die Gesellschaft m. b. H.; ihre Wirkungen gehen auf letztere nicht über. Denn wenn der Geschäftsführer der Gesellschaft bürgerlichen Rechtes hätte berechtigt werden sollen und auch hätte berechtigt werden dürfen, namens der Gesellschaft bürgerlichen Rechtes schlechthin Rechtsakte jeder Art mit der Wirkung zu tätigen, daß auch die erst zur Entstehung zu bringende Gesellschaft m. b. H. an die durch deren Tätigung geschaffene Rechtslage gebunden wäre und die Rechte und Pflichten aus diesen Rechtsakten zu übernehmen hätte, dann wäre die Bestimmung des § 11 des Gesetzes, daß die Gesellschaft m. b. H. bis zu ihrer Eintragung in das Handelsregister nicht besteht, zwecklos. Da bei Erlassung des § 11 ein Zweck verfolgt sein muß, so ist deshalb hiermit ausgesprochen, daß Rechtsakte des Geschäftsführers der Gesellschaft bürgerlichen Rechtes aus der Zeit zwischen der Entstehung dieser Gesellschaft durch Abschluß des Gründungsvertrags und der Eintragung der Gesellschaft m. b. H. in das Handelsregister die letztere im allgemeinen unberührt lassen und nur Rechtsbeziehungen zwischen der Gesellschaft bürgerlichen Rechtes und den an dem Rechtsakte Beteiligten schaffen, während die durch Rechtshandlungen des Geschäftsführers zwischen der Gesellschaft bürgerlichen Rechtes und den an derselben Beteiligten entstandenen Rechtsbeziehungen nur dann Rechte und Pflichten auch für die Gesellschaft m. b. H. begründen und diese unmittelbar berechtigen und verpflichten, wenn und soweit sie zur Erreichung des Gesellschaftszwecks, der Erwirkung der Eintragung der Gesellschaft m. b. H. in das Handelsregister, von ihm notwendig vorgenommen werden mußten (vgl. Staub-Hachenburg, GmbHG. zu § 11 Anm. 7; Jur. Wochenschr. 1905 S. 31).

Hieraus ergibt sich, daß Zahlungen auf die Stammeinlage, soweit sie nach §§ 7, 8 des Gesetzes notwendig sind, um die Eintragung der Gesellschaft m. b. H. zu erwirken, von der Gesellschaft m. b. H. als zu ihren Lasten geschehen anerkannt werden müssen, wenn sie der zur Leistung von Stammeinlagen verpflichtete Gesellschafter in der Zwischenzeit zwischen dem Abschlusse des Gesellschaftsvertrags und der Eintragung der Gesellschaft m. b. H. zur Begleichung seiner Verpflichtung gegenüber sowohl der Gesellschaft bürgerlichen Rechtes als auch der Gesellschaft m. b. H. an den geschäftsführenden Gesellschafter bürgerlichen Rechtes gemacht hat. Dagegen besteht im allgemeinen keine Verpflichtung der Gesellschaft m. b. H. zur Anerkennung der an den geschäftsführenden Gesellschafter über den zur Anmeldung notwendigen Betrag hinaus geleisteten Zahlungen. Sie wird vielmehr erst durch die Tatsache begründet, daß die Leistung als Stammeinlagezahlung nach erfolgter Eintragung der Gesellschaft in das Handelsregister noch in Geld in ihr Vermögen gelangt. Wenn daher § 7 bestimmt, daß ein Viertel der Stammeinlage vor der Anmeldung, also an den in diesem Zeitpunkt allein vorhandenen geschäftsführenden Gesellschafter der Gesellschaft bürgerlichen Rechtes eingezahlt sein muß, und wenn § 8 Abs. 2 diesem Gesellschafter bei der Anmeldung die Verpflichtung auferlegt, zu versichern, daß sich ein Viertel der eingezahlten Stammeinlage auch zur Zeit der der Eintragung voraufgehenden Anmeldung selbst noch in seiner freien Verfügung, und zwar in seiner freien Verfügung als Geschäftsführer der angemeldeten Gesellschaft m. b. H. befindet, so ist damit vorgeschrieben, daß der geschäftsführende Gesellschafter der Gesellschaft bürgerlichen Rechtes nur die Befugnis hat, dieses eine Viertel der Stammeinlage für die anzumeldende und zu errichtende Gesellschaft in Empfang zu nehmen, daß er aber auch über dieses eine Viertel nicht frei verfügen darf, es vielmehr nur so zu verwalten hat, daß es zur Zeit der Anmeldung sich noch zu seiner freien Verfügung in seiner Eigenschaft als Geschäftsführer der zu errichtenden Gesellschaft m. b. H. befindet.

Die Verpflichtung des Klägers gegenüber der durch den Gründungsvertrag geschaffenen Gesellschaft bürgerlichen Rechtes konnte mit Rücksicht auf den bei der Gründung dieser Gesellschaft verfolgten Zweck und auch nach dem Wortlaute des Vertrags nur darin bestehen, dem geschäftsführenden Gesellschafter dieser Gesellschaft ein Viertel der von ihm in die Gesellschaft m. b. H. einzubringenden Stammeinlage zur Verfügung zu stellen und zu halten, um diesen in die Lage zu versetzen, den Gesellschaftszweck durch Erfüllung der ihm in §§ 7, 8, 78 des Gesetzes auferlegten Verpflichtungen zu erreichen. Die Verpflichtung zur Zahlung der weiteren drei Viertel der Stammeinlage war durch die Erreichung des Gesellschaftszwecks, die Eintragung der Gesellschaft m. b. H., bedingt und war auch durch Leistung an diese neue Gesellschaft zu erfüllen. Der Kläger ist eine Verpflichtung zur Zahlung der weiteren drei Viertel der Stammeinlage an die Gesellschaft bürgerlichen Rechtes dieser gegenüber nicht eingegangen; die Gesellschaft bürgerlichen Rechtes und deren geschäftsführender Gesellschafter haben deshalb auch bis zum 10. September 1911 keinen Rechtsanspruch gegen den Kläger auf Zahlung der drei Viertel der Stammeinlage an sie erlangt und an diesem Tage nur das Recht erlangt, deren Zahlung an die Neuschöpfung der Gesellschaft m. b. H. zu verlangen. Der Kläger hat also die über das Viertel seiner Stammeinlage hinausgehende Zahlung an den Geschäftsführer der Gesellschaft bürgerlichen Rechtes nicht in Erfüllung einer dieser Gesellschaft gegenüber bestehenden Verpflichtung geleistet, sondern er hat sie ihm in der Erwartung und in dem Vertrauen zugehen lassen, daß er den ihm gezahlten, das Viertel der Stammeinlage übersteigenden Betrag der Gesellschaft m. b. H. bei deren Entstehung ebenso zur Verfügung halten werde, wie er ihr nach dem Gesetze das ihm zu zahlende eine Viertel zur freien Verfügung halten mußte. Die Verpflichtung des Klägers zur Zahlung der drei Viertel der Stammeinlage, die er der Gesellschaft bürgerlichen Rechtes gegenüber nur für den Fall der Entstehung der Gesellschaft m. b. H. mit erreichter Eintragung in das Register eingegangen war, hing von dem Zustandekommen dieser Eintragung ab, und verpflichtete den Kläger, berechtigte ihn aber auch nur, den das eine Viertel übersteigenden Betrag der Stammeinlage an den Geschäftsführer der Gesellschaft m. b. H. bei deren Entstehung zur freien Verfügung der Gesellschaft zu entrichten. Hieraus folgt also, daß der Kläger von der gegenüber der Gesellschaft bürgerlichen Rechtes eingegangenen Verpflichtung, dem Geschäftsführer der Gesellschaft m. b. H. bei deren Entstehung die restlichen drei Viertel seiner Stammeinlage zu dessen freier Verfügung zu stellen, nur durch die an deren Geschäftsführer nach Entstehung der Gesellschaft geleistete Zahlung dieser drei Viertel der Stammeinlage befreit werden kann, während jede vor Entstehung der Gesellschaft m. b. H. an den Geschäftsführer der Gesellschaft bürgerlichen Rechtes geleistete Zahlung dieser drei Viertel der Stammeinlage den Kläger von seiner Verpflichtung zur Zahlung an die Gesellschaft m. b. H. nur dann und insoweit befreit, als der Geschäftsführer diese Zahlung der Gesellschaft m. b. H. bei deren Entstehung als eine Geldleistung des Klägers über denjenigen Viertelsbetrag hinaus zur Verfügung stellt, welchen der Geschäftsführer gemäß § 8 im Zeitpunkte der Entstehung der Gesellschaft für sie zu seiner Verfügung gehabt hat. Der Kläger hat also, da von seinen Barzahlungen an den Geschäftsführer der Gesellschaft bürgerlichen Rechtes von 10000 *M* nur 2752 *M* am 10. September 1911 in das Vermögen der Gesellschaft m. b. H. gelangt sind, und unter diesen 2725 *M* sich dasjenige Viertel der Stammeinlage von 2500 *M* befunden hat, welches der Geschäftsführer bei Anmeldung der Gesellschaft m. b. H. als die ihm nach § 7 geleistete Zahlung zur Verfügung der Gesellschaft hatte, außer diesem Viertel in Geld auf die der Gesellschaft m. b. H. am 10. September 1911 in Geld geschuldete Stammeinlage nur noch 225 *M* geleistet, er hat somit dieser Gesellschaft in Geld noch 7275 *M* nachzuleisten. Die Tilgung dieser Geldschuld durch Überlieferung von Sachen, die der berufene Geschäftsführer der Gesellschaft vor deren Entstehung mit dem ihm vom Kläger gezahlten Gelde für die Gesellschaft angeschafft hat, ist für den Kläger ausgeschlossen, da hierüber eine Vereinbarung, wie sie in den §§ 19, 5 des Gesetzes vorgesehen ist, unstreitig nicht getroffen ist."

---

84. Kann sich eine Aktiengesellschaft einem anderen gegenüber gültig verpflichten, Gewinn nicht über ein bestimmtes Maß hinaus zu verteilen? Welche Wirkungen kommen einer solchen Verpflichtung zu?

II. Zivilsenat. Urt. v. 16. Dezember 1913 i. S. Aktiengesellschaft Ch.'er Düngerabfuhr-Gesellschaft (Bekl.) w. Stadtgemeinde Chemnitz (Kl.). Rep. II. 566/13.

I. Landgericht Chemnitz.
II. Oberlandesgericht Dresden.

Die klagende Stadtgemeinde hatte die Räumung der Düngergruben im Bezirk der Stadt Ch. einschließlich der Abfuhr und Verwertung des Düngers der zu diesem Zwecke gegründeten beklagten Aktiengesellschaft übertragen. Die Vergütung, die die Beklagte für die Abfuhr von den Grundstücksbesitzern fordern durfte, war in einem von der Klägerin festgesetzten Tarife bestimmt; Anfangs 1908 war der Tarif mit Geltung bis zum 30. April 1909 erhöht worden. Kurz vor Ablauf dieser Frist trat die Beklagte mit der Klägerin über die Fortdauer der Erhöhung in Unterhandlung. Die Klägerin stellte verschiedene Bedingungen, vor allem die, daß die Gewährung einer 6 % übersteigenden Dividende an ihre Zustimmung geknüpft sein sollte. In einer deshalb einberufenen außerordentlichen Generalversammlung der Beklagten vom 6. April 1909 wurde beschlossen, den Vorstand zu ermächtigen, die Bedingungen der Klägerin anzunehmen. Demgemäß schloß der Vorstand mit der Klägerin einen Vertrag, der die Verteilung von mehr als 6 % Dividende von der Einwilligung der Klägerin abhängig machte.

In der Folge drang bei den Aktionären der Beklagten die Meinung durch, daß die Beklagte durch die geschilderten Vorgänge nicht gebunden sei. Obgleich die Klägerin für das Geschäftsjahr 1911 nur 8 % erlaubt hatte, beschloß die Generalversammlung vom 22. April 1912 eine Dividende von 10 %. Diese Dividende zahlte der Vorstand zum Teil auch schon aus, bevor die Klägerin eine einstweilige Verfügung erwirkte, die die Auszahlung von mehr als 8 % untersagte.

Die Klägerin erhob Klage auf Feststellung, daß die Beklagte nicht berechtigt sei, für das Geschäftsjahr 1911 eine höhere Dividende als 8 % zu verteilen. Beide Vorinstanzen gaben diesem Antrage statt. Auch die Revision des Beklagten blieb ohne Erfolg.

Gründe:

„Die Begründung des Berufungsurteils leidet an dem Fehler, daß die Verhältnisse der Klägerin zur Beklagten und der Beklagten zu ihren Aktionären nicht genügend auseinandergehalten sind. Soweit darzutun versucht ist, daß der Vertrag der Parteien vom April 1909 unmittelbare Wirkungen gegenüber den Aktionären äußere, können die Gründe nicht gebilligt werden. Das Oberlandesgericht hat ausgeführt, der Generalversammlung der Beklagten habe die Macht zur Verteilung von mehr als 6 % Dividende auch ohne Statutenänderung genommen werden können. Nur die satzungsgemäß verteilbare Superdividende werde von dem Vertrage der Parteien berührt. Das grundsätzliche Recht der Versammlung, über die Verteilung des Reingewinns zu beschließen, werde nicht beeinträchtigt. Zu verteilen sei immer nur der verfügbare Reingewinn. Da der Reingewinn der Beklagten, wenn nicht ganz, so doch überwiegend aus den erhobenen Gebühren herstamme und das Recht zur Gebührenerhebung nur mit der Einschränkung betreffs der Dividendenverteilung bewilligt worden sei, habe der die Schranke übersteigende Gewinn von vornherein nicht der Verfügung der Generalversammlung unterstanden. Nicht anders sei aber auch zu urteilen, wenn dennoch eine Satzungsänderung vorliegen sollte. Bedürfe eine solche zwar regelmäßig nach § 277 Abs. 3 HGB. der Eintragung im Handelsregister, so müsse doch unter den besonderen Umständen des Falles der Vertrag der Parteien für hinreichend erachtet werden. Es sei zu berücksichtigen, daß die Beschränkung des Dividendenrechts eine Stärkung der Mittel der Gesellschaft bedeutet habe, insofern dadurch das Sinken der Jahresdividende unter 6 % hintangehalten werde. Auch im Interesse derjenigen Personen, welche Aktien ohne Kenntnis des Vertrags erwürben, sei eine Eintragung im Register nicht unerläßlich gewesen. Bei einem Unternehmen der hier fraglichen Art wüßten die Aktienerwerber, daß es für die Beurteilung der Gewinnaussichten in erster Linie darauf ankomme, welche Rechte die Verwaltungsbehörde der Gesellschaft eingeräumt habe. Darüber habe sich angesichts der öffentlichen Beschlußfassung der städtischen Kollegien jedermann leicht unterrichten können. Die hiernach anzunehmende vertragsmäßige Bindung der Gesellschaft müßten auch die späteren Generalversammlungen anerkennen.

Der Revision ist darin Recht zu geben, daß diese Erwägungen nicht haltbar sind. Zufolge §§ 31, 32 der Satzung hatte die Generalversammlung zu bestimmen, wieviel sie dem gesetzlichen Reservefonds über das vorgeschriebene Maß hinaus zuführen wollte; der Überschuß, der sich ergab, wenn die Abschreibungen und Rücklagen, ferner die Vorstandstantieme, die die Grundlage der Dividende ausmachenden 4 % vom Kapital sowie endlich die Aufsichtsratstantieme abgezogen wurden, sollte nach ihrem freien Ermessen unter die Aktionäre verteilt oder zu anderen Zwecken verwendet werden. Durfte statt dessen die Generalversammlung in der Verteilung von Dividenden nur noch bis 6 % gehen und war sie darüber hinaus an die Zustimmung der Klägerin gebunden, so bedeutete das allerdings eine Einschränkung ihrer Rechte. Durch die Behauptung, der Reingewinn sei von Anfang an nur mit der Beschränkung verfügbar gewesen, kann diese Tatsache nicht verschleiert werden. Was verteilungsfähiger Reingewinn ist, ergibt allein die nach dem Gesetz und der Satzung aufzustellende Bilanz. Um daher der Generalversammlung ihre Verfügungsbefugnis zu schmälern, würde es einer Abänderung der Satzung bedurft haben. Die Erfordernisse, die hierfür vom Gesetze vorgeschrieben sind, können durch den Vertrag der Parteien nicht ersetzt werden. Weder die Frage, ob die Dividendenbeschränkung im wohlverstandenen Interesse der Beklagten lag, kommt dabei in Betracht, noch ist es von Erheblichkeit, ob die Tatsache des Abschlusses des Vertrags in Chemnitz offenkundig war oder nicht.

Eine Abänderung der Satzung ist nicht zustande gekommen. Ob der Beschluß vom 6. April 1909, den Vorstand zur Eingehung des Vertrags nach Maßgabe der Bedingungen der Klägerin zu ermächtigen, formell den an eine Satzungsänderung zu stellenden Ansprüchen entsprach, braucht nicht erörtert zu werden. Jedenfalls ist die Änderung in das Handelsregister nicht eingetragen worden. Daher hätte der von der Klägerin beanstandete Beschluß vom 22. April 1912 über die Verteilung einer Dividende von 10 % nicht einmal auf Anfechtungsklage eines Aktionärs beseitigt werden können. Die Anfechtungsklage des § 271 HGB. setzt Gesetz- oder Satzungswidrigkeit voraus; der Umstand, daß der Beschluß mit einem von der Gesellschaft geschlossenen Vertrag in Widerspruch steht, genügt nicht. Um so weniger ist hier, wo eine Anfechtung gar nicht stattgefunden hat, daran zu zweifeln, daß der Beschluß rechtsunwirksam war und gültige Forderungen auf Auszahlung der Dividende für die Aktionäre ins Leben rief.

Allein der Vertrag der Parteien braucht keine unmittelbaren Folgen gegen die Aktionäre zu haben, um dennoch ein bindender Vertrag zu sein und die Wirkungen zu äußern, die ihm nach Vertragsgrundsätzen zukommen. Auch wenn die Klägerin rechtlich nicht imstande war, die Verteilung der höheren Dividende zu hindern, konnte sie doch sehr wohl geltend machen, daß die Beklagte durch Fassung des Verteilungsbeschlusses dem Vertrage zuwidergehandelt habe. Nur so verstanden hatte die Klage überhaupt einen Sinn. Wenn auch zugegeben werden muß, daß unter den in erster Instanz gestellten Anträgen einzelne sich befanden, denen zufolge die Klägerin, ähnlich wie das Oberlandesgericht es getan hat, eine unmittelbare Rechtswirkung gegen die Generalversammlungen für möglich hielt, so gilt dies doch nicht von dem Antrage, der allein aufrechterhalten worden ist. Die Klagbitte, festzustellen, daß die Beklagte für 1911 nicht mehr als 8 % Dividende verteilen durfte, ist irgendwelchen Zweifeln über die Bedeutung, in der sie gemeint ist, nicht unterworfen. Ebenso wie die Urteile, die ihr stattgegeben haben, kann sie nur dahin aufgefaßt werden, daß der Beklagten das Recht zur Verteilung allein der Klägerin gegenüber abgesprochen wird. Wie hierin bei der Relativität schuldrechtlicher Verpflichtungen etwas Widersinniges liegen soll, ist nicht wohl verständlich. Die Tatsache, daß jemand gegen einen anderen eine rechtlich bindende Verpflichtung eingeht, eben dadurch aber die ihm einem Dritten gegenüber obliegenden Pflichten verletzt, gehört zu den alltäglichen Erscheinungen des Rechtslebens. Die Wirkung der von der Klägerin behaupteten Vertragsverletzung würde in einem Anspruch auf Schadensersatz wegen Nichterfüllung bestehen, namentlich aber sich darin äußern, daß die Klägerin unter den Voraussetzungen der §§ 325, 326 BGB. vom Vertrage zurücktreten könnte.

Muß hiernach der Prüfung der Rechtsgültigkeit des Vertrags näher getreten werden, so ist so viel ohne weiteres klar, daß Bedenken gegen die Gültigkeit aus der Vertretung der Beklagten nicht zu entnehmen sind. Nach § 235 Abs. 2 HGB. war die Vertretungsmacht des Vorstandes, der den Vertrag schloß, Dritten gegenüber unbeschränkbar. Es braucht daher nicht einmal darauf hingewiesen zu werden, daß die Generalversammlung vom 6. April 1909 ihre Zustimmung zum Vertragsschluß erklärt hat. Nur der sachliche Inhalt der von der Beklagten übernommenen Verpflichtung kann darüber entscheiden, ob ein solcher Vertrag von der Rechtsordnung zugelassen wird oder nicht.

In dieser Hinsicht ist es zunächst unschlüssig, wenn die Beklagte behauptet hat, es sei für sie rechtlich unmöglich gewesen, sich zu einer Statutenänderung zu verpflichten. Auf der einen Seite hatte die Beklagte, um dem Vertrage genügen zu können, eine Statutenänderung gar nicht nötig. § 32 ihrer Satzung ließ der Generalversammlung darüber, ob sie die Superdividende ganz oder teilweise von der Verteilung zurückhalten wollte, freie Hand. Nur um sie hierin im Sinne des Vertrags zu binden, hätte es einer Änderung der Statuten bedurft. Anderseits ist weder der Klagantrag auf Vornahme einer Statutenänderung gerichtet, noch hat die Klägerin mittelbar einen Anspruch dieses Inhalts erhoben. Was sie verlangt, erschöpft sich darin, daß keine höhere als die zugestandene Dividende verteilt werden soll. Wie die Beklagte es fertig bringt, das verbotene Ergebnis zu vermeiden, ist ihre Sache. Die inneren Verhältnisse der Beklagten brauchen die Klägerin nicht zu kümmern, ebensowenig wie sich sonst ein Gläubiger darum zu kümmern hat, wie sich der Schuldner zur Vertragserfüllung einrichten muß.

Die Beklagte hat sodann die angebliche Ungültigkeit des Vertrags darauf zu stützen gesucht, daß er sich auf Angelegenheiten des körperschaftlichen Lebens der Aktiengesellschaft bezieht. Den Aktionären gegenüber, meint sie, müsse sich die Gesellschaft frei betätigen können, ohne durch Verträge mit Dritten gebunden zu sein. Allein was die Revision in dieser Richtung vorgebracht hat, reicht nicht hin, um einen so weitgreifenden Satz als Bestandteil des geltenden Rechtes nachzuweisen. Daß die Satzung keine Abordnung von Außenstehenden in den Aufsichtsrat verfügen darf, ist zwar in § 243 Abs. 1 HGB. wortdeutlich vorgeschrieben, kommt aber für die aufgeworfene Frage nicht in Betracht. Im übrigen hat das Reichsgericht bisher nur ausgesprochen, daß die Organe der Aktiengesellschaft in Tat und Wahrheit Organe der Gesellschaft sein müssen und nicht gezwungen sein dürfen, blindlings in allen Dingen den Befehlen Dritten zu gehorchen (vgl. Entsch. des RG.'s in Zivils. Bd. 3 S. 129, Bd. 82 S. 308). Davon kann hier keine Rede sein. Es handelt sich nur um einen einzigen Punkt, worin der Wille eines Dritten für die Gesellschaft maßgebend sein soll. In allen übrigen Beziehungen bleibt ihr Selbstbestimmungsrecht unangetastet.

Von den sonstigen Verteidigungsgründen der Beklagten sind es hauptsächlich die Eigenschaft der Aktiengesellschaft als Erwerbsgesellschaft und der natürliche Gewinnanspruch der Aktionäre, die dem Vertrag entgegengehalten werden. Die Revision hat ausgeführt, die §§ 213, 260 HGB. gewährleisteten der jedesmaligen Generalversammlung schlechthin Freiheit in der Beschlußfassung darüber, ob und wie sie den Gewinn verteilen wolle. Auf alle Fälle sei ein Vertrag nichtig, der dem Ermessen eines Dritten für die Gewinnverteilung bestimmende Bedeutung einräume. Auch diese Behauptungen können nicht gebilligt werden. Daß das Gesetz keine Zwangsvorschrift enthält, wonach die jeweilige Generalversammlung in der Verfügung über den Gewinn unbedingt frei sein müßte, bedarf keiner weitläufigen Begründung. Schon der Wortlaut des § 213 HGB. läßt keinen Zweifel daran, daß der Gesellschaftsvertrag den an sich verteilbaren Reingewinn von der Verteilung ausschließen kann. Die Gültigkeit von Satzungsbestimmungen, wonach nur eine gewisse Höchstdividende beschlossen werden darf und der Überschuß einem Reservefonds zugeführt werden muß, wird denn auch nirgends bestritten. Kann doch durch die Satzung sogar vorgeschrieben werden, daß der Überschuß Nichtaktionären, z. B. den Inhabern von Genußscheinen oder, wie in dem vom Berufungsrichter angezogenen Falle, Rechtspr. d. OLG. Bd. 11 S. 31, den Mitgliedern einer andern Aktiengesellschaft zufließen soll.

Auch die Ansicht, die jede Beeinflussung der Dividendenfestsetzung durch das Ermessen eines Dritten als gesetzwidrig ablehnt, geht zu weit. Allgemeine Grundsätze werden sich in dieser Hinsicht schwerlich aufstellen lassen; die Beschaffenheit des Einzelfalls, insbesondere die Zwecke und Absichten des Vertrags, müssen maßgebend sein. Im vorliegenden Falle walten Bedenken mit Rücksicht auf den verfolgten Zweck nicht ob. Die beklagte Aktiengesellschaft ist gegründet worden, um in der Düngerabfuhr und in der Erhebung der darauf entfallenden Gebühren ein Stück öffentlicher Verwaltung durchzuführen. Die Klägerin, von der sie ihre Befugnis herleitet, hat ein berechtigtes Interesse, darüber zu wachen, daß bei der Verwaltung nicht lediglich selbstsüchtige Bestrebungen den Ausschlag geben. Daher die Begrenzung der Gewinnverteilung, die offensichtlich dazu dienen soll, durch Nötigung zur Ansammlung größerer Rücklagen eine wiederholte Erhöhung der Gebühren zu verhüten. Die Revision gibt auch zu, daß die Sache so geordnet werden darf, wie sie nach den Feststellungen des Oberlandesgerichts in L. und in Dr. geordnet ist, wo die Düngerabfuhrgesellschaft den die genehmigte Dividende übersteigenden Gewinn den gebührenpflichtigen Hausbesitzern anteilig überweisen muß. Einen für die Entscheidung erheblichen Unterschied zwischen dieser Regelung und der hier streitigen hat die Revision aber nicht darzutun vermocht. Dadurch, daß man den Gewinn das eine Mal Rohgewinn, das andere Mal Reingewinn nennt, wird nichts ausgerichtet. Nur darauf kommt es an, ob die zwangsweise Begrenzung der Gewinnverteilung anstößig ist. Ist diese Frage zu verneinen, wenn die Gesellschaft zugleich gezwungen wird, die überschüssigen Gelder den Hauseigentümern zukommen zu lassen, so kann sie nicht wohl bejaht werden, wenn der Überschuß der Gesellschaft selbst verbleibt."

---

85. Darf der Fabrikant Vorlagen seines Kunden nach beendigtem Vertragsverhältnis für sich verwerten? Darf er es insbesondere durch Feilbieten der Fabrikate unter Katalognummern des Kunden?

UnlWG. § 28.
BGB. § 826.

II. Zivilsenat. Urt. v. 19. Dezember 1913 i. S. B. M. (Kl.) w. Eisenhüttenwerk M. (Bekl.). Rep. II. 405/13.

I. Landgericht Liegnitz.
II. Oberlandesgericht Breslau.

In den Jahren 1900 bis 1909 ließ der Kläger bei der Beklagten in großen Mengen gußeiserne Gitterverzierungen und Gitterspitzen herstellen, und zwar nach Probestücken, die er zu diesem Zwecke der Beklagten übergeben hatte. Nach solchen Probestücken fertigte die Beklagte zunächst Modelle, dann Formen in Gipsplatten, welch letztere die gleichzeitige Herstellung einer größeren Zahl der Gitterteile ermöglichten. Als Anfang 1909 die Geschäftsverbindung der Parteien ein Ende nahm, benutzte die Beklagte nunmehr die nach den Probestücken des Klägers gefertigten Modelle und Formkasten dazu, gleiche Verzierungen und Spitzen zu eigenem Absatz herzustellen und sie auf Grund eines Musterhefts zu vertreiben, das nach Behauptung des Klägers dieselben Abbildungen enthielt, wie sein eigenes, und diese Abbildungen nicht unter fortlaufenden Nummern aufführte, sondern unter den Nummern des klägerischen Katalogs.

Der Kläger hielt dieses Verfahren für unlauter. Er verlangte ein gerichtliches Verbot 1. der Verbreitung des Musterhefts der Beklagten, 2. des Vertriebs sämtlicher darin verzeichneten Eisengitterteile, deren Form und Größe der Beklagten durch die Geschäftsverbindung mit dem Kläger bekannt geworden sei. Hilfsweise wurde beantragt, der Beklagten zu verbieten, daß sie in ihrem Musterhefte für Gitterteile die Nummern des Klägers gebrauche und die Gitterteile unter Gebrauch dieser Nummern feilhalte. Das Landgericht wies die Klage ab; die Berufung des Klägers wurde zurückgewiesen. Die Revision hatte Erfolg, aus folgenden

Gründen:

„Die Klage ist rechtlich in erster Linie gestützt auf § 18 des Gesetzes gegen den unlautern Wettbewerb vom 7. Juni 1909, der denjenigen mit Strafe bedroht, welcher die ihm im geschäftlichen Verkehr anvertrauten Vorlagen oder Vorschriften technischer Art, insbesondere Zeichnungen, Modelle, Schablonen, zu Zwecken des Wettbewerbs unbefugt verwertet oder an andere mitteilt. Jenes Gesetz ist am 1. Oktober 1909 in Kraft getreten. Übergeben hatte der Kläger der Beklagten die als Vorlage dienenden Gitterverzierungen und Gitterspitzen vor diesem Zeitpunkte, nämlich bei Beginn und im Laufe des Vertragsverhältnisses, das von 1900 bis Anfang 1909 gedauert hat. Die Herstellung der gleichen Gitterteile zu eigenem Absatze begann die Beklagte, unter Verwendung der nach den Vorlagen des Klägers angefertigten Modelle und Gießformen, alsbald nach Beendigung des Vertragsverhältnisses, also noch vor dem 1. Oktober 1909. Sie setzte sie aber nach diesem Zeitpunkte fort, und der Berufungsrichter stellt nicht fest, daß sie heute mit der Herstellung und dem Vertriebe solcher Gitterteile aufgehört habe. Bei dieser Sachlage geht das angefochtene Urteil von der Rechtsansicht aus, daß § 18 UnlWG. schon deshalb nicht angewendet werden dürfe, weil die Beklagte nach seinem Inkrafttreten lediglich einen schon eingerichteten Gewerbebetrieb fortgesetzt habe, solche Fortsetzung des Gewerbebetriebs aber den Tatbestand des § 18 a. a. O. nicht erfülle.

Käme es auf diese Frage hier an, so würde der Standpunkt des Berufungsgerichts schwerlich gebilligt werden können. Waren die Vorlagen des Klägers der Beklagten vor dem Inkrafttreten des Gesetzes in der Tat anvertraut, so blieben sie es nach diesem Zeitpunkt, und ihre unbefugte Verwertung konnte von nun an nicht deshalb straflos bleiben, weil sie schon vorher begonnen hatte. Noch unbegründeter ist der Zweifel des Berufungsrichters an der Anwendbarkeit des § 18 UnlWG., den er dem Umstande entnimmt, daß hier die angeblich unbefugte Verwertung der Vorlagen des Klägers durch die Beklagte nicht während des Vertragsverhältnisses erfolgte, sondern nach dessen Beendigung. Diesen Unterschied zu machen, entbehrt der Berechtigung. § 18 a. a. O. und seine Entstehungsgeschichte weisen nirgends darauf hin; die Anwendbarkeit des § 18 würde gerade in den Fällen versagen, in denen sie das Verkehrsbedürfnis am meisten fordert. Die gegenteilige, früher in der Literatur wohl vertretene Meinung ist denn auch anscheinend fast allgemein wieder aufgegeben, vgl. die Kommentatoren des Gesetzes Pinner und Eyck 2. Aufl. 1910 S. 159; Rosenthal 4. Aufl. 1913 § 18 Note 21 und 24.

Trotzdem lehnt der Berufungsrichter im vorliegenden Falle die Anwendung des § 18 UnlWG. mit Recht ab, und zwar auf Grund der einwandfrei getroffenen tatsächlichen Feststellung, daß die in Frage kommenden Gitterverzierungen und Gitterspitzen schon zur Zeit des ersten vom Kläger der Beklagten erteilten Auftrags einen allgemeinen Handelsartikel bildeten und daß, auch abgesehen hiervon, bei richtiger Auslegung des zwischen den Parteien getroffenen Lieferungsabkommens und bei verständiger Abwägung der beiderseitigen Interessen als mutmaßlicher Wille der Vertragschließenden angesehen werden müsse, die Beklagte habe in der späteren Verwendung der Modelle zur eigenen Fabrikation grundsätzlich nicht beschränkt sein sollen. Der Berufungsrichter läßt hierbei die Tatsache mit entscheiden, daß die Beklagte für die Modelle Bezahlung vom Kläger weder gefordert noch erhalten hat. ... Der Berufungsrichter stellt weiter fest, daß die Eisengitterteile, die der Kläger als Muster der Beklagten übergeben hatte, im Handelsverkehr bereits bekannt waren und einen „allgemeinen Handelsartikel bildeten". Wenn er hieraus den Schluß zieht, es könne von einem anvertrauten Geschäftsgeheimnis nicht die Rede sein, so ist der Revision zwar zuzugeben, daß er damit die Anforderungen an den Tatbestand des § 18 UnlWG. überspannt. Wie schon der IV. Strafsenat des RG.'s in einem Urteile Rep. IV. D 157/11 vom 4. April 1911 erkannt hat (MarkSch. u. Wettbew. Jahrg. 10 S. 350), verlangt § 18 nicht, daß es sich bei den anvertrauten Vorlagen um Geschäftsgeheimnisse handle. Es muß genügen, wenn Offenkundigkeit nicht vorliegt. Diese Offenkundigkeit hat hier aber nach den tatsächlichen Feststellungen des Berufungsgerichts bestanden. Aus diesem Grunde fehlte es an dem Tatbestandsmerkmale, daß die Vorlagen des Klägers der Beklagten „anvertraut" waren, und nicht minder an dem weiteren, daß die spätere Verwertung der Modelle durch die Beklagte grundsätzlich unbefugt geschah. Denn offenkundige Dinge können nicht anvertraut werden und offenkundige Muster nachzuahmen, denen kein gewerblicher Rechtsschutz zur Seite steht, ist grundsätzlich niemand gehindert. Dabei ist es an sich ohne Bedeutung, wie es zu der Offenkundigkeit gekommen ist, und auf den Einwand der Revision, der Kläger allein habe die nachgebildeten Gitterteile in den Verkehr gebracht, kommt es nicht an.

Mit dieser Ablehnung des § 18 UnlWG. war aber die rechtliche Beurteilung des dem Berufungsrichter unterbreiteten Tatbestandes noch nicht erschöpft. Und als Tatbestand war ihm nicht bloß unterbreitet, daß die Beklagte die ihr übergebenen Muster nach Ablauf des Vertragsverhältnisses zur eigenen Fabrikation verwendet habe, sondern weiter, daß dies geschehen sei unter gleichzeitiger Verbreitung eines Musterhefts, das die Nummern des Katalogs des Klägers widerrechtlich benutzte, sich sozusagen als Nachdruck dieses Katalogs darstellte. Der Vorwurf ging dahin, daß sich die Beklagte eine Warenzusammenstellung des Klägers, die dieser in dem Katalog gegeben und seinen Kunden übermittelt hatte, also an sich das Ergebnis eigenen Denkens und durchaus individueller Betriebstätigkeit des Klägers, in einer den Grundsätzen vom geschäftlichen Anstande widerstreitenden Weise zunutze gemacht habe. Dieser Gesichtspunkt ist in den rechtlichen Erwägungen des Berufungsurteils zu kurz gekommen, und der Berufungsrichter macht den Fehler, daß er, der äußerlichen Scheidung der beiden hauptsächlichen Klaganträge folgend, diese Anträge lediglich getrennt behandelt und die Frage nicht aufwirft, ob nicht § 1 UnlWG. und § 826 BGB. durch Herstellung und Vertrieb der Gitterteile unter deren Anpreisung nach den Nummern und Abbildungen des klägerischen Katalogs, m. a. W. durch Nachbildung, Angebot und Feilhalten einer ganzen klägerischen Kollektion von Gitterverzierungen und Gitterspitzen, als wäre es eine Kollektion der Beklagten, verletzt sein könnten.

Es kann nicht bezweifelt werden, daß dies etwas ganz anderes ist, als die bloße Nachfabrikation einzelner oder selbst aller Muster, welche die Beklagte vom Kläger erhalten hatte. Auf den ersten Blick hatte jenes Verfahren der Beklagten aber etwas Bedenkliches. Sie bestreitet nicht, daß die von ihr benutzten Nummern ursprünglich dem

Katalog des Klägers entnommen sind. Dies ergibt sich nach den getroffenen Feststellungen auch völlig klar daraus, daß in dem Musterhefte der Beklagten diejenigen Muster in der fortlaufenden Nummernfolge fehlen, welche der Kläger nicht der Beklagten, sondern einer anderen Fabrik zur Fabrikation überwiesen hatte. Nun erachtet freilich der Berufungsrichter für festgestellt, daß hierbei der Beweggrund für die Beklagte gewesen sei, Verwechselungen in ihrer eigenen Fabrik bei etwaigen Bestellungen zu vermeiden, weil während des Vertragsverhältnisses mit dem Kläger dessen Katalognummern zu Fabriknummern der Beklagten geworden waren. Damit waren zunächst etwaige Zweifel nach dieser Richtung in tatsächlicher Beziehung erledigt. Ungeprüft aber blieb, ob, selbst bei Unterstellung solchen Beweggrundes, nicht die durch gute Geschäftssitten gebotene Rücksicht auf den Mitbewerber, hier einen früheren Kunden, gebot, die fremden Nummern nicht zu verwenden.

Das Berufungsgericht steht, schon bei Prüfung der Rechtswidrigkeit der weiteren Benutzung der klägerischen Modelle überhaupt, nicht an, seine Meinung dahin auszusprechen, daß viele Fabrikanten es allerdings grundsätzlich vermeiden würden, in solcher Weise, wie hier die Beklagte getan habe, mit einem dem Kreise der Großhändler angehörenden früheren Kunden in Wettbewerb zu treten, weil sie hierdurch ihr geschäftliches Ansehen zu gefährden glauben würden. Immerhin verstoße ein abweichendes Verfahren nur gegen die geschäftliche Kulanz, nicht gegen die Anforderungen der Redlichkeit und des Anstandes im gewöhnlichen Geschäftsverkehr. Es wäre aber angezeigt gewesen, jenem ersten, ohne Zweifel berechtigten Gedanken weiter nachzugehen und zu prüfen, ob auch dann noch die mildere Beurteilung berechtigt war, wenn, wie die Klage behauptet hatte, die Beklagte sich tatsächlich durch Verbreitung eines dem klägerischen Katalog völlig nachgebildeten und bis auf die Nummern übereinstimmenden Musterhefts bei Feilbietung der von ihr nachfabrizierten Verzierungen und Spitzen bezüglich einer ganzen Kollektion von Artikeln in diejenige Stellung hineindrängte, welche der Kläger auf Grund langjähriger geschäftlicher Tätigkeit seinen Kunden gegenüber in Ansehung der gleichen Artikel einnahm. Es hätte die Frage aufgeworfen werden müssen, ob nicht Redlichkeit und Anstand im Geschäftsverkehr es unter allen Umständen verboten, in solcher Weise tatsächlich die Früchte des Schaffens eines anderen zu ernten. Sie konnten dies selbst dann verbieten, wenn die Beklagte die Benutzung der gleichen Nummern wirklich aus bloßer geschäftlicher Bequemlichkeit hätte geschehen lassen.

Aus diesen Gesichtspunkten heraus bedarf hiernach der gesamte einheitliche Tatbestand der nochmaligen Nachprüfung des Berufungsrichters aus § 1 UnlWG. und § 826 BGB. Der Kläger hatte in der Berufungsinstanz Beweis dafür angetreten, daß die von ihm der Beklagten übergebenen Vorlagen nach seinen Ideen sowie nach denen seiner Angestellten und eines Zeichners angefertigt worden seien. Die Revision beschwert sich, daß dieser Beweis nicht erhoben sei. Zuzugeben ist, daß er für die weitere Verhandlung Bedeutung haben kann, insofern dadurch die Entscheidung beeinflußt werden könnte, ob in dem Gebrauche des klägerischen Katalogs durch die Beklagte ein Mißbrauch lag (vgl. Entsch. des RG.'s in Zivils. Bd. 73 S. 296; Jur. Wochenschr. 1913 S. 1107). Der Berufungsrichter hat die dem Kläger nachgeahmte Numerierungsweise der Beklagten für nicht geeignet erachtet, auf den Entschluß eines Kunden, bei dem Kläger oder aber bei der Beklagten zu bestellen, irgendwelchen Einfluß auszuüben. Die Revision hält entgegen, es liege doch auf der Hand, daß die Kunden des Klägers auf die niedrigeren Preise der Beklagten schneller und mit größerer Wahrscheinlichkeit geführt würden, wenn es ihnen die Beklagte durch die gleiche Nummer erleichtere. Auch dieser Einwand wird bei nochmaliger Prüfung mit zu würdigen sein. Wiederholter Prüfung bedarf auch die Behauptung des Klägers, die Beklagte habe zu Zwecken des Wettbewerbs gehandelt. Mit der Feststellung allein, dieselben Katalognummern seien von der Beklagten aus Bequemlichkeit beibehalten worden, ist sie nicht zurückzuweisen. Es kommt darauf an, ob das gesamte der Beklagten vorgeworfene Verhalten — weitere Herstellung und eigenes Feilbieten der früher klägerischen Muster, und zwar der gesamten klägerischen Zusammenstellung, unter Mißbrauch des Katalogs des Klägers — zu Zwecken des Wettbewerbs mit dem Kläger geschah, und weiter, was § 826 BGB. anlangt, ob die Beklagte erkennen konnte und mußte, daß solches Verfahren zu geschäftlichen Schädigungen des Klägers führen werde."

86. Zur Anwendung des § 1249 BGB. in dem Falle, wenn der Schuldner mehrere Sachen verschiedener Dritteigentümer dem Gläubiger zu Pfand gegeben hat.

VII. Zivilsenat. Urt. v. 19. Dezember 1913 i. S. v. H. (Kl.) w. S. B. (Bekl.). Rep. VII. 375/13.

I. Landgericht I Berlin.
II. Kammergericht daselbst.

Der Bankier W., der sich im Februar 1912 das Leben genommen hat, war der Beklagten aus Darlehnen 200000 *M* schuldig. Er hatte ihr dafür Wertpapiere im Nennbetrage von zusammen 237000 *M* als Pfand übergeben, die nicht ihm gehörten, sondern Eigentum seiner Bankkunden waren. Darunter befanden sich die im Tatbestande des Berufungsurteils aufgeführten Papiere im Nennbetrage von zusammen 24000 *M*, von denen der Kläger behauptet, sie seien sein Eigentum gewesen. Daß er sie dem W. in Verwahrung gegeben hatte, ist außer Streit. Den größten Teil der verpfändeten Papiere, darunter die vom Kläger als sein Eigentum bezeichneten, hat die Beklagte am 8. März 1912 an der Berliner Börse durch einen Kursmakler verkaufen lassen. Mit der Klage ist, neben anderen, hier nicht in Betracht kommenden Begehren, der Antrag gestellt worden: festzustellen, daß die Beklagte dem Kläger den Schaden zu ersetzen hat, der ihm daraus erwachsen ist, daß sie es ihm gegenüber bei Fälligkeit der Darlehnsschuld W.'s abgelehnt hat, die zur Durchführung der Ablösung angebotene Befriedigung anzunehmen. Das Landgericht hat die Klage abgewiesen. Die Berufung des Klägers hatte bezüglich des vorstehend wiedergegebenen Antrags keinen Erfolg. Auf die Revision des Klägers ist das Berufungsurteil aufgehoben und die Sache in die Berufungsinstanz zurückverwiesen worden.

Aus den Gründen:

. . . „Auch den zweiten Anspruch, mit dem die Feststellung der Ersatzpflicht der Beklagten für den dem Kläger durch Verletzung seines aus § 1249 BGB. abgeleiteten Rechtes verursachten Schaden begehrt wurde, hat das Kammergericht in Übereinstimmung mit dem Landgerichte verworfen. Diese Entscheidung beruht so, wie sie bisher begründet ist, auf Verletzung des § 1249.

Nach dieser Vorschrift steht demjenigen, welcher durch Veräußerung des Pfandes ein Recht an dem Pfande verlieren würde, das Recht zu, sobald der Schuldner zur Leistung berechtigt ist, den Pfandgläubiger zu befriedigen und dadurch die Forderung und mit dieser die Pfandrechte zu erwerben (§ 1249 Satz 2, § 268 Abs. 3, §§ 412, 401 BGB). Daß der Kläger durch den Pfandverkauf sein behauptetes Eigentum an den Wertpapieren, die er dem W. in Verwahrung gegeben hatte, verlieren mußte, ergibt sich aus § 1242 BGB. Daß ferner die Schuld W.'s fällig war, ist außer Streit. Die in § 1249 angegebenen Voraussetzungen des Einlösungsrechts waren sonach erfüllt. Das Kammergericht versagt aber dem Kläger dieses Recht, weil jene Papiere nur ein Teil der Pfänder gewesen seien, die die Beklagte von W. erhalten hatte, an den anderen in Pfand gegebenen Papieren aber dem Kläger nach seiner eigenen Darstellung keinerlei Recht zugestanden habe. Diese Erwägung findet im § 1249 keine Stütze. Richtig ist die Annahme des Kammergerichts, daß der Kläger die ihm gehörigen Papiere nicht durch Zahlung nur eines entsprechenden Teiles der Schuld hätte einlösen können; denn jedes der Pfänder haftete nach § 1222 für die ganze Forderung. Diese Ausführung des Kammergerichts entbehrt aber einer praktischen Bedeutung für den vorliegenden Fall, da das von der Beklagten zurückgewiesene Angebot des Klägers unstreitig auf Zahlung der ganzen Forderung gerichtet war. Was ferner das Kammergericht mit dem Satze sagen will: das Befriedigungsrecht könne nicht weiter gehen, als das mit Verlust bedrohte Recht des die Befriedigung Anbietenden an der Pfandsache, ist nicht recht erkennbar, da ein Befriedigungsrecht des Klägers überhaupt verneint wird. Nach jenem Satze muß es scheinen, daß in einem gewissen Umfange, nämlich soweit das mit Untergang bedrohte Recht an den Pfandsachen reichte, das Befriedigungsrecht anerkannt werden sollte. Das Kammergericht hat aber dem Kläger nicht nur (mit Recht) die Befugnis zur Teilzahlung, sondern ausdrücklich auch die Befugnis zur Vollzahlung abgesprochen, sodaß er die Einlösung eben allein überhaupt nicht erlangen könnte. Freilich ist davon auszugehen, daß er nicht gegen Aushändigung nur seiner Pfänder, sondern nur gegen Aushändigung aller Pfänder zur Befriedigung der Beklagten bereit war. Das entsprach aber auch den angeführten Gesetzesvorschriften, wonach durch die Befriedigung die Forderung nebst den für sie bestehenden Pfandrechten auf den Befriedigenden kraft Gesetzes übergeht. Das Kammergericht macht geltend, § 1249 habe den Fall, daß mehrere Sachen verschiedener Dritteigentümer zum Pfande gegeben sind, „nicht vorgesehen". Richtig ist, daß dieser Fall in § 1249 nicht besonders erwähnt ist. Daraus folgt aber nur, daß ihn das Gesetz von der allgemeinen Regel des § 1249 nicht ausgenommen hat. Es fehlt darum auch an jeder Grundlage für die Annahme, daß in jenem Falle das Einlösungsrecht nur von allen beteiligten Pfandeigentümern gemeinschaftlich ausgeübt werden könne. Um den ihm drohenden Verlust abzuwenden, mußte und durfte der Kläger die ganze Forderung bezahlen. Dadurch ging diese mitsamt den Pfandrechten, wie erwähnt, kraft Gesetzes auf ihn über. In der Befriedigung des Gläubigers und dem Rechtsübergang auf den Einlösenden erschöpft sich die Wirkung zwischen diesen beiden. Welche Wirkungen der Vorgang für die anderen Pfandeigentümer hat, ist eine Frage, die den Gläubiger nichts angeht. Es mag sein, daß demjenigen unter den Pfandeigentümern, welcher den anderen mit der Einlösung zuvorkommt, die vom Landgerichte dargelegten Vorteile zum Schaden der anderen erwachsen. Ob dieses Ergebnis, wie das Landgericht meint, unbillig oder sogar, wie das Kammergericht erklärt, völlig unhaltbar wäre, kann auf sich beruhen. Immerhin mag darauf hingewiesen werden, daß dasselbe Ergebnis eintrat, wenn die Beklagte, woran sie durch nichts gehindert war, die Forderung einem der Pfandeigentümer abtrat. Jedenfalls handelt es sich bei jenen Wirkungen nicht um das Verhältnis zwischen den Prozeßparteien. Es bedarf deshalb auch nicht der Untersuchung, ob etwa zwischen dem Einlösenden und den anderen Pfandeigentümern eine Gemeinschaft besteht, und ob und in welcher Gestalt sich hieraus eine Auseinandersetzungspflicht des Einlösenden ergibt. An dieser lediglich das Verhältnis zwischen den Pfandeigentümern berührenden Frage ist die Beklagte nicht beteiligt, sie konnte aus diesem Verhältnis eine Einrede gegen das ihr gegenüber begründete Einlösungsrecht des Klägers nicht herleiten.

Auch aus dem Widerspruche, den der W.'sche Nachlaßpfleger gegen die Einlösung durch den Kläger erhoben haben soll, konnte die Beklagte das Recht zur Ablehnung der angebotenen Einlösung nicht entnehmen, weil der Widerspruch unberechtigt war. Nach § 267

Abs. 2 BGB. hat allerdings der Schuldner das Recht, der Leistung durch einen Dritten zu widersprechen, und im Falle solchen Widerspruchs kann der Gläubiger die Leistung des Dritten ablehnen. Diese allgemeine Regel muß aber der Sonderbestimmung des § 1249 gegenüber weichen. So wenig der Schuldner W. selbst der gemäß § 1249 vom Kläger angebotenen Zahlung hätte widersprechen dürfen, so wenig durfte es der Nachlaßpfleger. Durch die Zurückweisung des Angebots kam die Beklagte in Annahmeverzug. Das wörtliche Angebot genügte, weil sie die Nichtannahme erklärt hatte; was in § 295 BGB. vom Angebote des Schuldners bestimmt ist, muß auch für das Angebot des zur Schuldnerleistung berechtigten Dritten gelten.

Daß die in der Zurückweisung der angebotenen Zahlung in Verbindung mit dem Pfandverkaufe liegende Vereitelung und somit Verletzung des gesetzlichen Einlösungsrechts zur Begründung des erhobenen Schadensersatzanspruchs geeignet ist, unterliegt keinem Bedenken. Das Einlösungsrecht ist dinglicher Art, und zwar im vorliegenden Falle ein Ausfluß des behaupteten Eigentums, sodaß die Vorschrift des § 823 Abs. 1 unbedenklich insoweit zutrifft. Zu erörtern bleibt nur, ob der Beklagten das für die Schadensersatzpflicht noch erforderliche Verschulden zur Last fällt. Deshalb mußte mit der aus der dargelegten Verletzung des § 1249 sich ergebenden Aufhebung des angefochtenen Urteils die Zurückverweisung der Sache in die Berufungsinstanz verbunden werden. Zu dieser Zurückverweisung würde der Umstand nicht nötigen, daß das behauptete Eigentum des Klägers an den unstreitig von ihm bei W. in Verwahrung gegebenen Wertpapieren bestritten ist. Denn da der Kläger durch den Verwahrungsvertrag den mittelbaren Besitz an den Papieren erlangt hatte (§ 868), stand ihm die Eigentumsvermutung zur Seite (§ 1006 Abs. 1 und 3), deren Widerlegung, wie das Berufungsgericht zutreffend ausführt, Sache der Beklagten war." ...

---

87. Begriff der Frachturkunden nach Tarifst. 6c des Reichsstempelgesetzes vom 3. Juni 1906/15. Juli 1909.

VII. Zivilsenat. Urt. v. 23. Dezember 1913 i. S. preuß. Fiskus (Bekl.) w. Gebr. B. (Kl.). Rep. VII. 326/13.

I. Landgericht Hannover.
II. Oberlandesgericht Celle.

Die Firma Gebr. B. hat in den Jahren 1906 bis 1909 von ihren Ziegeleien Steine und Dachziegel in kleinen Binnenschiffen zur Versendung gebracht, wobei sie den Schiffern Zettel für die Empfänger der Ladung nach folgendem Formular übergab:

Herrn . . . in . . .
Sende Ihnen hierbei per Schiffer . . . für Rechnung eigene . . . Steine (Menge und Sorte).
Bingum bei Leer d. . . .
Gebr. B.

Die Versendung erfolgte teils in eigenen Schiffen der Firma, teils in fremden Schiffen. Im ersten Falle bezeichnete der Zettel den Angestellten der Firma, namens K., als den Schiffer. Die Steuerbehörde erforderte von allen, dem Formular gemäß ausgefüllten Urkunden nach Tarifnr. 6c RStempG. vom 3. Juni 1906/15. Juli 1909 den Frachturkundenstempel mit 588,20 ℳ, wovon auf die durch K. besorgten Transporte 39,30 ℳ entfielen. Die Klägerin forderte den gezahlten Betrag zurück. Das Landgericht gab der Klage in Höhe von 39,30 ℳ statt und wies sie im übrigen ab. Beide Teile legten Berufung ein, die indessen zurückgewiesen wurde. Der Beklagte hat Revision, die Klägerin hat Anschlußrevision eingelegt. Diese wurde zurückgewiesen; der Revision der Beklagten wurde stattgegeben.

Gründe:

„Dem Berufungsrichter ist darin beizustimmen, daß die Schriftstücke, wie sie von der Klägerin . . . den Schiffern zur Aushändigung an die Empfänger übergeben worden sind (wenn zunächst von den Fällen der Versendung in eigenen Schiffen der Klägerin abgesehen wird), als stempelpflichtige Frachturkunden im Sinne der Tarifnr. 6 RStempG. angesehen werden müssen. In Frage kommt Buchstabe c. Danach werden unter bestimmten Voraussetzungen versteuert „Konnossemente, Frachtbriefe, Ladescheine, Einlieferungsscheine im Schiffsverkehr, soweit sie nicht unter a und b fallen". Die Fassung ist weiter als die des Buchstaben d (vgl. Entsch. des RG.'s in Zivils. Bd. 80 S. 59). Nach der Begründung (mitgeteilt bei Greiff, RStempG. Anm. 1b zu Tarifnr. 6 S. 267) sollten alle Frachtpapiere, d. h. alle Schriftstücke, die als Beweismittel für den Abschluß eines Frachtvertrags zu dienen bestimmt und geeignet sind, von der Steuer getroffen werden. Der Stempel ist ein Urkundenstempel; maßgebend für die Stempelpflicht ist der Inhalt der Urkunde. Dieser läßt aber, wie der Berufungsrichter mit Recht annimmt, im vorliegenden Falle keinen Zweifel darüber, daß es sich um die Feststellung eines Frachtgeschäfts handelt. Wenn die Klägerin erklärt, daß sie dem mit Namen und Wohnort bestimmt bezeichneten Empfänger durch den Schiffer K. eine bestimmte Menge Steine übersende, so ist damit der Abschluß eines Beförderungsvertrags zwischen dem Absender und dem Schiffer urkundlich dargetan. Die Urkunde stellt sich als Frachtbrief dar (§ 426 HGB.). Unvollständig ist sie nur im Punkte der Fracht. Aber dieser Punkt ist nicht wesentlich, wie denn § 426 HGB. nur eine Ordnungsvorschrift ist. Die Fracht ließ sich nach den zum Zwecke der Stempelberechnung angefertigten Aufstellungen ohne weiteres berechnen und bedurfte keiner besonderen Erwähnung in den den Schiffern ausgehändigten Schriftstücken. Wenn das Gesetz schon bloße Einlieferungsscheine (Empfangsbekenntnisse der Frachtführer) für steuerpflichtig erklärt, so kann über die Stempelpflichtigkeit der vorliegenden Urkunden, die nur wegen des Frachtbetrags einer Ergänzung bedürfen, kein Bedenken obwalten, umsoweniger, als bei der gegenteiligen Auffassung die Umgehung des Gesetzes in einem seinem Zwecke widerstreitenden Umfange ohne weiteres ermöglicht werden würde.

Aus vorstehendem ergibt sich, daß die Anschlußrevision der Klägerin nicht begründet ist.

Die Revision des Beklagten betrifft diejenigen Urkunden, welche der Berufungsrichter deshalb für steuerfrei hält, weil nach dem ermittelten Sachverhalte der darin genannte Schiffer K. ein Angestellter der Klägerin war, der in deren eigenen Schiffen die Beförderung der Steine besorgte. Mit Recht macht die Revision geltend, daß durch diese Annahme das sog. Urkundenprinzip verletzt wird. Ist der Stempel nach Tarifnr. 6c, wie ausgeführt, ein Urkundenstempel, so entscheidet über die Steuerpflicht lediglich der Inhalt der Urkunde. Dies gilt auch für das Reichsstempelgesetz, obwohl dort eine Vorschrift, wie sie § 3 des preußischen Stempelsteuergesetzes enthält, fehlt; sie ergibt sich aus der Natur der Sache von selbst. Damit unvereinbar ist die Ansicht des Berufungsrichters, es sei der Nachweis zuzulassen, daß die Urkunde nicht mit dem wirklichen Sachverhalt übereinstimme. Zwar ist, soweit die Urkunde auslegungs- und ergänzungsbedürftig ist, ein Zurückgehen auf außerhalb der Urkunde liegende Umstände nicht ausgeschlossen. Aber im gegenwärtigen Falle zeigen die Schriftstücke nur eine Lücke hinsichtlich des Betrags der Fracht. Auch soweit der Schiffer K. in Betracht kommt, lauten sie den übrigen Begleitpapieren völlig gleich. Darum müssen sie aber stempelrechtlich ebenso wie diese behandelt werden; sie sind nach ihrer Fassung bestimmt und geeignet, den Abschluß eines Frachtvertrags zwischen der Klägerin und dem Schiffer K. darzutun. Dies genügt bei der formalen Natur des Stempels, die Steuerpflicht zu begründen, wie denn auch z. B. von den Frachtbriefen über die Dienstsendungen einer staatlichen Behörde der Stempel zu erheben ist, wenn die Sendungen der Staatseisenbahn desselben Staates zur Beförderung gegen Zahlung der tarifmäßigen Fracht übergeben werden (vgl. Hoffmann in Stengleins Nebengesetzen Bd. 2 Anm. 3 zu § 36 RStempG.). Nur der Nachweis würde zuzulassen sein, daß überhaupt keine Fracht zu entrichten gewesen sei, woraus sich der Nichtabschluß eines Frachtvertrags und die Unmöglichkeit der Stempelberechnung ergeben haben würde. Davon ist aber keine Rede. Die überreichten Aufstellungen weisen nach, daß auch bei den durch den Schiffer K. bewirkten Sendungen, ebenso wie bei den übrigen, die übliche Fracht berechnet worden ist. Damit sind die Voraussetzungen des Frachturkundenstempels erfüllt. Auf nachträgliche Ermittelungen über einen von der Urkunde abweichenden Sachverhalt braucht sich die Steuerbehörde nicht einzulassen." ...

---

88. Unterliegt die von einer Landgemeinde erklärte Vertragskündigung der Formvorschrift des § 88 Abs. 4 Nr. 7 der preußischen Landgemeindeordnung vom 3. Juli 1891?

VII. Zivilsenat. Urt. v. 23. Dezember 1913 i. S. Ch. Wasserwerke (Bekl.) w. Landgemeinde St. (Kl.). Rep. VII. 403/13.

I. Landgericht II Berlin.
II. Kammergericht daselbst.

Durch einen im Jahre 1885 geschlossenen Vertrag wurde der Beklagten die Wasserversorgung der Klägerin auf 30 Jahre übertragen. Im Vertrage war vereinbart, daß er als auf 10 Jahre verlängert gelten solle, wenn er nicht bis zum 1. Januar 1913 von einer Seite gekündigt werde. Die Klägerin kündigte im Dezember 1912 in einem bloß vom Gemeindevorsteher unterzeichneten Schreiben. Die Beklagte bestritt die Formgültigkeit der Kündigung. Die Klägerin erhob Klage auf Feststellung, daß das Vertragsverhältnis am 1. Januar 1916 beendet sei. Die Klage wurde in der ersten Instanz abgewiesen; das Berufungsgericht erkannte nach dem Klagantrage, die Revision wurde zurückgewiesen.

Gründe:

„Das Berufungsgericht ist, abweichend vom ersten Richter, der Ansicht, daß die streitige Kündigung nicht der Formvorschrift des § 88 Abs. 4 Nr. 7 LGemO. unterliege. Es könne dahingestellt bleiben, so führt das angefochtene Urteil aus, ob sich diese Formvorschrift nur auf Rechtsgeschäfte beziehe, die zum Vertragsabschlusse führen, oder ob auch einseitige Rechtsgeschäfte darunter fallen. In jedem Falle müßten es Rechtsgeschäfte sein, durch die Verpflichtungen begründet würden. Die Landgemeindeordnung stehe in ihrer Formvorschrift auf demselben Boden, wie die Preußische Städteordnung vom 30. Mai 1853. Diese erfordere (§ 56 Nr. 8) die Unterschrift des Bürgermeisters und eines Magistratsmitglieds nur für Rechtsgeschäfte, wodurch Verpflichtungen der Stadtgemeinde übernommen würden. Die in der Landgemeindeordnung gebrauchte Ausdrucksweise „Rechtsgeschäfte, welche die Gemeinde gegen Dritte verbinden sollen", sei damit gleichbedeutend. Verpflichtungen habe die Klägerin durch die Kündigung aber nicht übernommen; die Kündigung habe das bestehende Vertragsverhältnis lediglich aufgelöst. Die infolge der Auflösung sich ergebenden Verpflichtungen würden nicht durch die Kündigung erzeugt, seien vielmehr bereits durch den aufgelösten Vertrag begründet gewesen. Das gelte auch von den Verpflichtungen, die nach Behauptung der Beklagten in den von ihr überreichten Schriftstücken von der Klägerin für den Fall der Auflösung des Vertrags übernommen sein sollten. Auch diese Verpflichtungen entständen nicht durch die Kündigung, sondern sie seien, wenn auch nur bedingt, bereits vor der Kündigung durch die den Schriftstücken zugrunde liegenden Rechtsakte entstanden. Die von der Revision gegen diese Entscheidung erhobenen Angriffe konnten keinen Erfolg haben.

Die vertraglich vorgesehene Kündigung ist zwar rechtzeitig, aber durch ein der Formvorschrift des § 88 Abs. 4 Nr. 7 LGemO. nicht entsprechendes Schreiben erfolgt. Entscheidend für den Rechtsstreit ist, ob diese Kündigung der Vorschrift des § 88 unterliegt. Fällt die Kündigung als Erklärung, welche die Gemeinde gegen Dritte verbinden soll, unter die Formvorschrift, so ist sie, wie das Reichsgericht in vielfachen über die Bedeutung dieser Formvorschrift ergangenen Entscheidungen ausgesprochen hat, als außerhalb des Rahmens der Vertretungsmacht des Gemeindevorstehers liegend und darum rechtlich als nicht abgegeben anzusehen. Das ist der von der Beklagten vertretene Standpunkt; sie will eine Kündigung schon an sich als unter die Formvorschrift des § 88 fallend beurteilt wissen, weil hierdurch der Gemeinde zustehende Rechte aufgegeben werden, indem für die Gemeinde die Verpflichtung begründet wird, den bisherigen Vertragsgegner aus dem Vertrage nicht mehr in Anspruch zu nehmen. In der vorliegenden Sache soll diese Beurteilung aber auch noch aus besonderen Gründen geboten sein, denn nach der Behauptung der Beklagten, die gegebenenfalls durch Ausübung des Fragerechts noch näher aufzuklären sei, habe die Auflösung des Vertrags für die Klägerin eine Reihe von Verpflichtungen zur Folge.

Diese Ausführungen sind nicht geeignet, die vorstehend wiedergegebene gegenteilige Auffassung des Berufungsgerichts zu erschüttern. Das angefochtene Urteil befindet sich zunächst mit der Annahme, daß § 88 Abs. 4 Nr. 7 LGemO. eine dem § 56 Nr. 8 StädteO. entsprechende, den Schutz der Gemeinden bezweckende Vorschrift enthalte, in Übereinstimmung mit der Rechtsprechung des Reichsgerichts (vgl. Jur. Wochenschr. 1905 S. 446 Nr. 35; Entsch. des RG.'s in Zivils. Bd. 64 S. 409). Die schon erwähnte Ausdrucksweise, „Rechtsgeschäfte, welche die Gemeinde gegen Dritte verbinden sollen", findet sich bereits im § 10 Nr. 2 des Gesetzes, betreffend die Landgemeinde-Verfassung in den sechs östlichen Provinzen der Preußischen Monarchie vom 14. April 1856 (GS. S. 359). Sie ist aber nicht dahin auszulegen, daß Rechtsgeschäfte überhaupt, um für die Gemeinde wirksam zu sein, der in § 88 vorgeschriebenen Form bedürfen. Vielmehr ist mit den Worten „verbinden sollen" nur ausgedrückt, daß, wie die auf dem gleichen Grundsatze beruhende Städteordnung ausspricht, Verpflichtungen der Gemeinden nur bei Beobachtung der im Gesetze vorgeschriebenen Formvorschriften rechtsgültig übernommen werden können. Im übrigen ist der Gemeindevorsteher wie bei den Stadtgemeinden der Magistrat befugt, die Gemeinde, ohne an Formvorschriften gebunden zu sein, nach außen zu vertreten (§ 56 Nr. 8 StädteO., § 88 Abs. 4 Nr. 7 LGemO.). . . . Aus der rechtlichen Natur der Kündigung sind gegen die Beurteilung des Berufungsgerichts sprechende Folgerungen nicht herzuleiten. Die Kündigung ist eine einseitige Willenserklärung, wodurch der zur Kündigung vertragsmäßig oder gesetzlich Berechtigte dem Vertragsgenossen seinen Willen kundgibt, daß das zwischen ihnen bestehende Rechtsverhältnis zu einem bestimmten Zeitpunkte sein Ende erreichen soll. Die hier in Betracht kommende Kündigung entnimmt ihre Berechtigung aus der schon erwähnten Vertragsbestimmung. Der Vertrag soll nach dem Kündigungsschreiben mit Ablauf der vereinbarten Dauer von 30 Jahren aufhören, nicht, wie dies ohne Kündigung geschehen würde, stillschweigend verlängert werden. Durch die Erklärung dieses Willens der klagenden Gemeinde werden neue Verpflichtungen von ihr nicht übernommen, es wird der Beklagten nur zur Kenntnis gebracht, daß die Klägerin von ihrem vertragsmäßigen Rechte Gebrauch mache, die Auflösung des Vertrags herbeizuführen. Daß damit auf das bestehende Rechtsverhältnis unmittelbar eingewirkt wird und daß sich deshalb die unter der Herrschaft des Bürgerlichen Gesetzbuchs erfolgte Kündigung als Verfügung im Sinne des Gesetzbuchs darstellt, ist für die rechtliche Beurteilung von keiner entscheidenden Bedeutung. Denn auch dadurch wird die Kündigung nicht zu einem, neue Verpflichtungen für die Gemeinde begründenden rechtsgeschäftlichen Akte, sie bleibt ein lediglich die Auflösung rechtlicher Beziehungen für die Zukunft bezweckendes Rechtsgeschäft.

Wie die Rechtslage zu beurteilen wäre, wenn es sich nicht um eine reine Kündigung, sondern um eine solche handelte, welche, wie die Revision beispielsweise anführt, nur gegen Zahlung von Reugeld zulässig wäre, kann unentschieden bleiben, denn damit wird ein hier nicht vorliegender Tatbestand unterstellt. Die Kündigung steht auch nicht, wie die Revision weiter geltend macht, rechtlich einem einseitigen Rücktritte gleich (§ 346 BGB.), sie ist begrifflich hiervon verschieden; denn sie äußert keine rechtliche Wirkung in bezug auf die schon erfolgten Leistungen, sondern hebt erst für die Zukunft die gegenseitige Leistungspflicht auf. Wegen dieser Verschiedenheit kann dahingestellt bleiben, ob ein Rücktritt die Beobachtung der streitigen Formvorschrift erfordern würde. Die Beurteilung des Berufungsgerichts wird endlich auch nicht durch die Ausführung der Revision erschüttert, daß eine Kündigung an sich schon Verpflichtungen hervorzurufen imstande sei und daß die hier in Betracht kommende Kündigung auch tatsächlich Verpflichtungen der klagenden Gemeinde hervorgerufen habe. Mit Recht weist demgegenüber das Berufungsgericht darauf hin, daß, wenn die Auflösung des Vertragsverhältnisses der Parteien die Klägerin zu Leistungen an die Beklagte verpflichte, diese Verpflichtungen nicht durch die Kündigung, sondern entweder durch den Vertrag selbst oder durch besondere, für den Fall der Kündigung getroffene Vereinbarungen begründet seien. Die Kündigung hat gegenüber Verpflichtungen, die bei Beendigung eines Vertragsverhältnisses zu erfüllen sind, rechtlich nur die Wirkung einer diese Beendigung herbeiführenden Tatsache. . . .

Die Auffassung der Beklagten findet auch keine Stütze in dem von ihr in Bezug genommenen Urteile des VI. Zivilsenats des Reichsgerichts vom 11. November 1911 (Gruchot Bd. 56 S. 625). Zur Entscheidung stand dort, ob die Genehmigung einer Gemeinde dazu, daß in einen über Gasversorgung geschlossenen Vertrag ein Dritter an Stelle des bisherigen Vertragsgegners eintrete und dieser aus dem Vertrag entlassen werde, der mehrfach erwähnten Formvorschrift unterliegt. Daraus, daß dies bejaht ist, sind bei der Verschiedenheit der rechtlichen Natur und der Wirkungen einer solchen Genehmigung, durch welche die Gemeinde verpflichtet wird, ein Vertragsverhältnis mit einer anderen Person fortzusetzen, für die Beurteilung der rechtlich wesentlich anders gestalteten Kündigung keine Folgerungen herzuleiten. Dagegen befindet sich der erkennende Senat in Übereinstimmung mit dem vom Berufungsgericht angeführten Urteile des III. Zivilsenats des Reichsgerichts Rep. III. 223/07 vom 23. Dezember 1907. Dort wird ebenfalls die Auffassung des damaligen Berufungsgerichts gebilligt, daß eine Kündigung nicht zu den Rechtsgeschäften gehört, welche die Gemeinde gegen Dritte verbinden sollen."

89. Kann der Bürge im Konkurse des Hauptschuldners, wenn er vor der Konkurseröffnung einen Teil der Schuld an den Gläubiger bezahlt hat, die insoweit auf ihn übergegangene Forderung geltend machen?

BGB. § 774 Abs. 1 Satz 1 und 2.
KO. §§ 3, 68.

VI. Zivilsenat. Urt. v. 29. Dezember 1913 i. S. B. Konk. (Bekl.) w. K. (Kl.). Rep. VI. 443/13.

I. Landgericht Heilbronn.
II. Oberlandesgericht Stuttgart.

Der Kläger hatte sich mit Urkunde vom 30. September 1910 gegenüber dem Kaufmann K. für eine Schuld des Kaufmanns B. aus dem Kaufe von Weinen und Fässern in Höhe von 10000 ℳ als selbstschuldnerischer Bürge verpflichtet. Im Sommer 1912 kam B. in Zahlungsschwierigkeiten, wegen deren er ein Abkommen mit seinen Gläubigern anstrebte. Am 12. Juli 1912 bezahlte der Kläger dem K. die Summe von 10000 ℳ, worüber K. auf dem Bürgscheine, den er zurückgab, quittierte. Am 31. Juli 1912 wurde über das Vermögen B.'s das Konkursverfahren eröffnet. In diesem Verfahren meldete K. seine gesamte Kaufpreisforderung mit 45993 ℳ an, ohne die ihm vom Kläger geleistete Zahlung abzuziehen. Seine Forderung ist auch in dieser Höhe festgestellt worden. Ferner meldete der Kläger seine Bürgschaftsrückgriffsforderung von 10000 ℳ nebst Zinsen an. Diese Forderung wurde vom Konkursverwalter im Prüfungstermine bestritten. Mit der Klage verlangte nun der Kläger, daß seine Forderung als Konkursforderung festgestellt werde. Das Landgericht wies die Klage ab, das Oberlandesgericht dagegen erkannte dem Klagantrag entsprechend. Die Revision des verklagten Konkursverwalters wurde zurückgewiesen.

Aus den Gründen:

... „Wird sonach vom Berufungsgerichte rechtlich einwandfrei angenommen, daß die Forderung des Gläubigers K. durch die Zahlung des Bürgen in Höhe von 10000 ℳ auf diesen übergegangen sei, so stand noch zur Entscheidung, ob der Geltendmachung der Rückgriffsforderung des Klägers im Konkurse des Hauptschuldners nicht die Vorschrift des § 774 Abs. 1 Satz 2 des BGB. entgegenstehe, wonach der Übergang nicht zum Nachteile des Gläubigers geltend gemacht werden kann.

Der Berufungsrichter geht davon aus, daß in einem derartigen Falle nicht bloß der betreffende Gläubiger, der durch die Anmeldung im Konkurse benachteiligt wird, sondern auch der Konkursverwalter die Einwendung aus der erwähnten Gesetzesvorschrift geltend machen könne. Denn die Einwendung nütze nicht nur dem betreffenden Gläubiger, sondern allen Konkursgläubigern. Es sei nicht möglich, den Bürgen, der eine Teilzahlung geleistet habe, etwa nur beschränkt, d. h. so zuzulassen, daß er nur die Dividende jenes Gläubigers nicht schmälere. Vielmehr sei, wenn die Forderung des Bürgen festgestellt sei, diese Feststellung eine einheitliche, gegen alle Konkursgläubiger wirkende. Anderseits komme auch die Ablehnung der Feststellung allen Konkursgläubigern zugute, der Bürge nehme dann überhaupt nicht am Konkurse teil. Dem Vorderrichter ist in diesem Punkte unbedenklich beizupflichten. Dem Konkursverwalter müßte, wie man auch seine Rechtsstellung im allgemeinen auffassen mag, wenigstens in einem Falle der vorliegenden Art gestattet sein, sich auf die fragliche Bestimmung zu berufen und auch damit den von ihm gegen die Anmeldung des Bürgen erhobenen Widerspruch zu begründen. Dies um so mehr, als hier der Hauptgläubiger K. seine ganze Forderung im Konkurse geltend gemacht hat und damit offenbar auch seinerseits den Bürgen von der Beteiligung am Konkurse ausschließen will.

Für die Rechtsfrage, inwieweit die Bestimmung des § 774 Abs. 1 Satz 2 BGB. auch in einem Konkurse des Hauptschuldners zur Anwendung komme, schließt sich der Berufungsrichter der Meinung an, daß der zahlende Bürge zwar in dem Falle, wenn er nach der Konkurseröffnung eine Teilzahlung geleistet hat, die auf ihn übergegangene Forderung nicht geltend machen könne, daß dagegen die Anmeldung des Bürgen, der vor der Konkurseröffnung bezahlt hat, trotz der Bestimmung des § 774 Abs. 1 Satz 2 dann zuzulassen sei, wenn es sich um eine gewöhnliche (nicht Ausfall-)Bürgschaft handelt. Die Revision rügt Verletzung der mehrerwähnten Gesetzesvorschrift und führt aus: man dürfe jene Unterscheidung nicht in das Gesetz hineintragen. Der Bürge dürfe eben hinsichtlich der Forderung, die im vollen Umfange Gegenstand der Bürgschaftsverpflichtung sei, das Befriedigungsrecht des Gläubigers überhaupt nicht verkümmern; der Kläger könne daher auch nicht seine Forderung, wofern der Übergang auf ihn erfolgt wäre, im Konkurse des Hauptschuldners geltend machen, was unzweifelhaft eine Benachteiligung des Gläubigers K. bedeuten würde, der auf seine Forderung von rund 46000 *M* bisher nur die vom Kläger als Bürgen gezahlten 10000 *M* erhalten habe. Die Ansicht der Revision war nicht als richtig anzuerkennen; vielmehr war der Rechtsauffassung des Vorderrichters beizupflichten.

Richtig ist zwar, daß die Vorschrift des § 774 Abs. 1 Satz 2 BGB. ganz allgemein lautet, und daß aus dieser Bestimmung an und für sich die fragliche Unterscheidung nicht abgeleitet werden könnte. Es wird denn auch von der Mehrzahl der (im Berufungsurteil angezogenen) Schriftsteller und Kommentare die Vorschrift auf die Beteiligung des Bürgen am Konkurse des Hauptschuldners angewendet, ohne daß dabei genauer unterschieden würde, ob die Zahlung des Bürgen vor oder nach der Konkurseröffnung erfolgt ist (vgl. auch die Zusammenstellung von Bendix im „Recht" 1910 S. 686). Von anderen wird gelehrt: wenn die Teilzahlung des Bürgen schon vor der Konkurseröffnung erfolgt ist, könne der Gläubiger den ihm verbleibenden Rest der Forderung, der Bürge den auf ihn übergegangenen Teil anmelden; auch dann aber müsse der Bürge dem Gläubiger gegenüber zurücktreten, bis dieser für seinen Teil vollständig befriedigt ist (vgl. Enneccerus (Kipp-Wolff) Bürg. Recht I² § 414, 1a, 6./8. Aufl. S. 536 Note 4; Roth, Leipziger Zeitschrift 1910 Sp. 360). Dagegen wird dem Bürgen für den angeführten Fall ein durch § 774 Abs. 1 Satz 2 BGB. nicht eingeschränktes Recht, die auf ihn übergegangene Forderung im Konkurse geltend zu machen, eingeräumt von Jaeger KO. 3./4. Aufl. zu § 3, Anm. 26 S. 56, vgl. Anm. 9 zu § 68 S. 721, Düringer-Hachenburg HGB. 2. Aufl. Anm. 53 zu § 349 S. 402, Bendix a. a. O. S. 689, Henneberg, Leipz. Zeitschr. 1911 Sp. 269. Vgl. ferner Staub-Könige HGB. zu § 349, 8. Aufl. Anm. 19; 9. Aufl. Anm. 45, 47.

Zweifellos ist zunächst soviel, daß der Gläubiger, dem der Bürge vor der Konkurseröffnung die Teilzahlung gemacht hat, den entsprechenden Teil der Forderung nicht seinerseits anmelden kann.

Zu diesem Teile ist die Forderung zwar nicht erloschen, aber auf den Bürgen übergegangen. Der ursprüngliche Gläubiger war im Zeitpunkte der Konkurseröffnung insoweit nicht mehr forderungsberechtigt; er kann nach §§ 3, 68 KO. folgeweise auch nicht Konkursgläubiger sein. Anderseits treffen die konkursrechtlichen Voraussetzungen für die Geltendmachung der auf den Bürgen übergegangenen Teilforderung durch diesen als den allein Forderungsberechtigten zu. Daß die Geltendmachung der Forderung des Bürgen, sofern dadurch die Konkursdividende des Gläubigers für seine Restforderung geschmälert wird, dem letzteren im wirtschaftlichen Sinne einen Nachteil bringt, kann nicht geleugnet werden. Es läßt sich auch nicht schon damit die Anwendung des § 774 Abs. 1 Satz 2 beseitigen, daß vom Zeitpunkte des Überganges an zwei verschiedene Forderungen vorlägen, daß deshalb die Anmeldung des Bürgen nicht gegen den Grundsatz verstoße, wonach die nämliche Forderung nicht zweimal dividendenberechtigt sein kann (Entsch. des RG.'s in Zivils. Bd. 14 S. 172). Die Vorschrift des § 774 behandelt eben die Restforderung und die übergegangene Teilforderung im Verhältnis der beiden Gläubiger zueinander noch als Einheit. Allein es kann dieser Bestimmung und dem ihr zugrunde liegenden, an verschiedenen Stellen des Bürgerlichen Gesetzbuchs wiederkehrenden Satze, daß durch das Ablösungs- und Eintrittsrecht des zahlenden Schuldners oder Dritten der Gläubiger nicht benachteiligt werden darf („nemo subrogat contra se"), vgl. BGB. §§ 426 Abs. 2, 1225, 268 Abs. 3, 1249, 1143, 1150, 1164, 1176, doch nicht die Tragweite beigemessen werden, daß dadurch der Ablösende oder Eintretende bei Konkurrenz mit dem ursprünglichen Gläubiger diesem schlechthin und überall weichen müßte, von seinem Befriedigungsrechte keinen Gebrauch machen dürfte. Jener Satz kann insoweit nicht in seinen Konsequenzen streng durchgeführt werden, als das mit anderen Grundsätzen der Rechtsordnung unverträglich sein würde. So stehen z. B. der Berufung des Gläubigers auf den erwähnten Satz gegenüber dem eine Hypothek Ablösenden nach Umständen die Grundsätze des jetzigen Hypothekenrechts entgegen, namentlich der, daß durch eine Zahlung das dingliche Recht nicht erlischt, vgl. die Urteile Entsch. des RG.'s in Zivils. Bd. 82 S. 133flg., Jur. Wochenschr. 1913 S. 1147 Nr. 5. Man wird in solchen Fällen auch sagen dürfen, daß hier der Ablösende, indem er von seiner Rechtsstellung Gebrauch macht, den Rechtsübergang nicht — im Sinne des Gesetzes — „zum Nachteil" des bisherigen Gläubigers geltend mache (vgl. Düringer-Hachenburg a. a. O., Bendix a. a. O. S. 689).

Hier kommen als maßgebend die Normen der Konkursordnung in Betracht. Mit dem Wesen und den Einrichtungen des Konkursverfahrens, das die gleichmäßige Verteilung des ganzen flüssig gemachten Vermögens des Gemeinschuldners unter den Gläubigern zur Aufgabe hat, und im besonderen mit den Grundsätzen der §§ 3, 68 KO. erscheint es nicht verträglich, wenn mit Rücksicht auf das Vorrecht des § 774 BGB. der Gläubiger den Bürgen von der Beteiligung und Befriedigung für die übergegangene Teilforderung ausschließen könnte. Den betreffenden Teil seiner Forderung hatte der Gläubiger im Zeitpunkte der Konkurseröffnung bereits endgültig verloren. Die vollendete Rechtstatsache des Forderungsüberganges auf den Bürgen darf im Konkursverfahren nicht unberücksichtigt bleiben. Teilnahmeberechtigter Konkursgläubiger ist bezüglich der übergegangenen Forderung ausschließlich der Bürge. Und sein Anspruch ist — im Gegensatz zu einer nur bedingten Rückgriffsforderung (Entsch. des RG.'s in Zivilſ. Bd. 14 S. 172) — ein unbedingter. Dürfte den übergegangenen Teil der Forderung weder der bisherige Gläubiger, der insoweit auch nicht Konkursgläubiger sein kann, noch der Bürge (wegen § 774 Abs. 1 Satz 2 BGB.) im Konkurse geltend machen, so würden einerseits der Bürge um seine volle Dividende geschädigt, anderseits würden die übrigen Gläubiger eine Bereicherung erfahren, die sie im Konkursverfahren nicht beanspruchen können. Mit Recht hat der Vorderrichter auf diese Folge Gewicht gelegt, die in der Tat der Absicht des Gesetzes schwerlich entspräche. Wenn es auch sonst vorkommen mag, daß das Ausscheiden des Bürgen aus der Konkurrenz nicht dem Gläubiger der verbürgten Forderung allein zugute kommt, wie z. B. bei einem auch dritten Gläubigern haftenden einzelnen Pfandgegenstande (Roth, Leipz. Zeitschr. 1910 Sp. 360/361), so liegt die Sache doch anders für das, auf eine allgemeine Verteilung und Befriedigung gerichtete Konkursverfahren, dessen besondere, ihm eigentümliche Regelung gegenüber der allgemeinen Bestimmung des § 774 Abs. 1 Satz 2 BGB. den Ausschlag geben muß. Für dieses Gebiet kommt es eben auf die objektivrechtliche Beschaffenheit der Restforderung des Gläubigers im Zeitpunkte der Konkurseröffnung, bzw. auf die Forderungsberechtigung des Bürgen zufolge des Überganges der Teilforderung an. Mit jener Forderung war ein Anrecht auf vorzugsweise Befriedigung in Hinsicht auf die Gesamtforderung nicht mehr verknüpft. Die Ausschließung des Bürgen von der Beteiligung am Konkurse würde nicht sowohl die Wahrung eines Vorrechts des Gläubigers, als vielmehr eine Benachteiligung des Bürgen in seiner mit dem Rechtsübergange für den Fall des Konkursverfahrens erworbenen Rechtsstellung bedeuten. Damit, daß dem Bürgen zwar gestattet würde, seine Forderung anzumelden, daß ihm aber dennoch bis zur vollen Befriedigung des Gläubigers die Dividendenberechtigung versagt bliebe, wäre ihm noch nicht geholfen. Die angemeldete übergegangene Teilforderung kann im Konkurse nicht wohl anders behandelt werden, wie sonstige unbedingte Konkursforderungen. Den für bedingte Forderungen bestehenden Vorschriften der Konkursordnung — der Berücksichtigung nur mittels Zurückbehaltung, Hinterlegung oder gegen Sicherstellung (§§ 67, 154, 155, 168 Nr. 2, 4) — untersteht die auf den Bürgen endgültig übergegangene Forderung nicht.

Es könnte sich, was der Berufungsrichter dahingestellt sein läßt, allenfalls darum handeln, ob der Gläubiger wegen der Bestimmung in § 774 Abs. 1 Satz 2 BGB. in der Lage sei, von dem Bürgen denjenigen Teil von dessen Dividende herauszuverlangen, welcher dem Gläubiger zugekommen wäre, wenn der Bürge nicht am Konkurse teilgenommen hätte. Aber das würde der Gläubiger mit dem Bürgen außerhalb des Konkursverfahrens auszutragen haben, und ein etwaiger Anspruch des Gläubigers auf solche Ausgleichung stände der Feststellung der Konkursforderung des Bürgen nicht im Wege. Die Regelung der Rechtsbeziehungen zwischen einzelnen Konkursgläubigern ist an sich nicht Aufgabe des Konkursverfahrens, soweit die Forderungsberechtigung selbst außer Frage steht. Anderseits ist es untunlich, in diesem Verfahren dem Bürgen etwa durch gesonderte Berechnung und Verteilung nur in beschränkter Weise, nämlich nur in dem Maße Befriedigung zu gewähren, daß er allein die Dividende des betreffenden Gläubigers nicht schmälert.

Die Revision hat sich für ihre Ansicht auf das Urteil des erkennenden Senats Entsch. des RG.'s in Zivils. Bd. 76 S. 195 flg. bezogen. Aber dieses Urteil befaßt sich mit der hier zu entscheidenden Rechtsfrage nicht. Auch die sonstige Rechtsprechung des Reichsgerichts kann nicht zur Stütze für jene Ansicht verwertet werden. Die Plenarentscheidung Entsch. Bd. 14 S. 172 flg. betrifft, wie bereits angedeutet, den selbständigen (bedingten) Rückgriffsanspruch des Mitverpflichteten (vgl. Entsch. Bd. 42 S. 36 flg.). In dem Falle des Urteils Entsch. Bd. 8 S. 290 flg. war die Zahlung des Bürgen nach der Konkurseröffnung erfolgt, ebenso die Zahlung des Mitverpflichteten in Entsch. Bd. 52 S. 170, und die Zahlung dessen, der das Pfand eingelöst hatte, im Falle des Urteils vom 3. April 1908 Rep. II. 604/07. In Entsch. Bd. 53 S. 403 handelte es sich um die vom Bürgen nach der Konkurseröffnung in das Vermögen des Gläubigers erklärte Aufrechnung; bei dem Urteile vom 2. Mai 1905, Recht 1905 Nr. 1445, um Ausfallsbürgschaft und Zahlung unter Vorbehalt. Aus zutreffenden Gründen hat der Vorderrichter weiter angenommen, der Beklagte könne sich nicht darauf berufen, daß die Teilnahme des Gläubigers K. am Konkurse mit dem Betrage von weiteren 10000 ℳ auch dem Kläger gegenüber rechtskräftig festgestellt sei, vielmehr werde hierdurch die Feststellung der klagend geltend gemachten Forderung nicht gehindert.

Vom Revisionsbeklagten ist darauf hingewiesen worden, daß die Forderung des Bürgen hier, außer auf den gesetzlichen Übergang, auch auf den Rechtsgrund des Auftrags gestützt sei und insofern von dem Einwand aus § 774 Abs. 1 Satz 2 überhaupt nicht betroffen würde. Der erste Richter hat diese Frage erörtert und dahin beantwortet, daß das Recht des Gläubigers aus jener Vorschrift auch nicht durch irgendwelche Gestaltung des Rechtsverhältnisses zwischen Bürgen und Schuldner geschmälert oder aufgehoben werden könne. Das Berufungsgericht hat in den Gründen diesen Punkt nicht berührt, hatte dies von seinem Standpunkt aus auch nicht nötig; und für die gegenwärtige Entscheidung kommt es darauf gleichfalls nicht an." ...

---

90. Zum Begriffe der Wertminderung im Sinne des § 35 des Rayongesetzes vom 21. Dezember 1871. Wann und unter welchen Voraussetzungen kann für die Verlegung eines Kies führenden Grund-

stücks aus dem dritten in den ersten Rayon Entschädigung verlangt werden?

Gesetz, betr. die Beschränkungen des Grundeigentums in der Umgebung von Festungen, §§ 13, 34, 35, 38.

VI. Zivilsenat. Urt. v. 29. Dezember 1913 i. S. K. u. Gen. (Kl.) w. Reichsfiskus (Bekl.). Rep. VI. 505/13.

I. Landgericht Posen.
II. Oberlandesgericht daselbst.

Infolge neuer Befestigungsanlagen in einer Fortlinie der Festung Posen wurden einige vordem im dritten Rayon gelegene Grundstücke der Kläger in den ersten Rayon einbezogen. Bei Festsetzung der Entschädigung wurde von der Vorinstanz nicht, wie die Kläger verlangten, auch das auf einem der Grundstücke vorhandene Kieslager berücksichtigt. Die Revision hatte keinen Erfolg.

Aus den Gründen:

„Nach dem feststehenden Sachverhalt ist die Parzelle 36 ein Ackerstück und bisher nur landwirtschaftlich genutzt worden. Die Kläger haben Entschädigung für alle Wirtschaftserschwernisse und weiter dafür verlangt, daß die Möglichkeit, das in dem Grundstücke vorhandene Kieslager auszubeuten, durch die Verlegung aus dem dritten in den ersten Rayon vermindert werde. Der Bezirksausschuß hatte Entschädigung nur für die ackerwirtschaftlichen Erschwernisse bewilligt, eine solche für das Kieslager dagegen abgelehnt, weil auf dem Grundstücke keine im Betrieb stehende Kiesgrube vorhanden ist, auch nicht zur Zeit der Bekanntmachung des Reichskanzlers vom 2. August 1904 und der Absteckung der Linie (§§ 8, 35 Abs. 2 RayonG.) vorhanden war. Dagegen hat bereits der erste Richter grundsätzlich ausgesprochen, daß es nicht darauf ankomme, ob das Kieslager schon zu den bezeichneten Zeitpunkten ausgenutzt wurde, sondern lediglich darauf, ob es vorhanden war und ist. Werde seine, der Zukunft vorbehaltene Ausnutzung durch die im ersten Rayon sich ergebenden Beschränkungen beeinträchtigt, so bewirke das einen Minderwert des Grundstücks, für den Entschädigung zu gewähren sei. Dem ist das Berufungsgericht ausdrücklich beigetreten.

Dem hiernach auch bezüglich des Kieslagers an sich zugelassenen

Entschädigungsbegehren hat der Beklagte im Rechtsstreite wie schon in dem vorangegangenen Verwaltungsverfahren dadurch zu begegnen versucht, daß er für den Fall der Inbetriebnahme die Erteilung der nach § 13 Nr. 1 RayonG. erforderlichen Genehmigung der Kommandantur in Aussicht stellte. Der erste Richter hat dieses Vorbringen für unerheblich erachtet, in erster Linie weil nur ein Inaussichtstellen erklärt sei, dagegen die uneingeschränkte Genehmigung nicht vorliege; außerdem wird im ersten Urteil unter näherer tatsächlicher Begründung in Zweifel gezogen, ob die Genehmigung in der Tat ohne Einschränkung werde erteilt werden. In der Berufungsinstanz hat der Beklagte erneut eingewendet: um dem Beklagten Gelegenheit zu geben, in rechtsverbindlicher Form und unwiderruflich darzutun, ob er die volle Ausbeutung des Kieslagers trotz der Rayonbeschränkung zulassen, oder in welchem Umfang er die Ausnützung beschränken wolle, müßten die Kläger der Kommandantur ein vorschriftsmäßiges Baugesuch einreichen, in dem sie die beabsichtigte Art und den Umfang der Ausnützung genau anzugeben hätten. Sobald die Abbaugenehmigung erteilt sei, könne sie nicht willkürlich entzogen werden.

Das Berufungsgericht hat dahin entschieden, daß zur Zeit der klägerische Entschädigungsanspruch in Ansehung der Parzelle 36 nur für ackerwirtschaftliche Nutzungserschwernisse, nicht aber auch bezüglich des Kieslagers begründet sei. Es nimmt in tatsächlicher Hinsicht an, daß die Hebung des Kieslagers in naher Zukunft zu erwarten gewesen wäre. In rechtlicher Hinsicht geht es davon aus, daß die Kläger bezüglich des Kieslagers eine Entschädigung nur dann verlangen können, wenn sie nachweisen, daß ihnen infolge der Rayonbeschränkung der Abbau ganz oder teilweise unmöglich geworden ist. Diesen Nachweis hält das Berufungsgericht nicht für erbracht und folgt dabei dem letztangeführten Vorbringen des Beklagten, indem es ausführt: selbstverständlich führe nicht das ganze Grundstück Kies, sondern nur bestimmte Teile enthielten Kies. Solange nicht ein Antrag der Kläger genau die Grenzen des abzubauenden Geländes bezeichne, könne das Reich eine Genehmigung nach § 13 des Gesetzes nicht erteilen. Eine das ganze Grundstück umfassende Genehmigung würde die Interessen der Landesverteidigung gefährden. Solange daher die Kläger einen Antrag auf Genehmigung zum Abbau des Kieslagers bei der zuständigen Behörde noch nicht gestellt hätten und darauf beschieden worden seien, entbehrten alle von ihnen aufgestellten Schadensberechnungen der Grundlage. Es sei keineswegs ausgeschlossen, daß der Beklagte die Genehmigung zum vollständigen Abbau erteile. Es sei auch möglich, daß er zwar den vollständigen Abbau im Interesse der Landesverteidigung untersage, aber den Klägern gestatte, mehr als ein Drittel des Lagers auszubeuten. In jedem Falle habe der Schadensersatzanspruch der Kläger, bevor der Beklagte auf einen begründeten Antrag einen endgültigen Bescheid gegeben habe, keine greifbare Gestalt, und alle Anführungen der Kläger über seine mutmaßliche Höhe seien unbeachtlich.

Diese Nichtberücksichtigung des Kieslagers bildet den Gegenstand der Revisionsbeschwerde, mit der Verletzung der §§ 35, 13 RayonG. gerügt wird. Die Revision wendet ein: da die Militärbehörde unstreitig die Genehmigung zum Abbau des Kieslagers noch nicht erteilt habe, so sei zur Zeit den Klägern der Abbau nicht möglich (§ 43). Damit sei der ihnen obliegende Nachweis des Schadens erbracht. Behaupte der Beklagte, infolge einer Genehmigung zum Abbau des Kieslagers würden die an sich jedenfalls vorhandenen Rayonbeschränkungen wieder aufhören, so sei der Beklagte für diese Behauptung einer rechtsverändernden Tatsache beweispflichtig, wozu auf § 36 Abs. 3 des Gesetzes verwiesen wird. Dies werde vom Berufungsgerichte verkannt. Von einer Verpflichtung der Kläger, über diese Rechtslage ihrerseits durch Stellung eines Antrags Klarheit zu schaffen, könne deshalb im vorliegenden Falle keine Rede sein, weil die Genehmigung von der beklagten Behörde selbst zu erteilen sei. Diese habe angesichts des Prozesses hinreichende Veranlassung, sich aus eigenem Antriebe darüber zu äußern, inwieweit sie den Abbau gestatten wolle. Das könne sie auch ohne Antrag tun." . . .

Nach Zurückweisung eines anderen Revisionsangriffs wird fortgefahren:

. . . „Nach § 34 RayonG. leistet das Reich — von den hier nicht in Frage kommenden besonderen Fällen des Abs. 2 das. abgesehen — für die infolge dieses Gesetzes eintretenden Beschränkungen in der Benutzung des innerhalb der Rayons belegenen Grundeigentums Entschädigung. Diese besteht nach § 35 im Ersatze derjenigen Wertminderung, welche das Grundstück für den Besitzer dadurch erleidet, daß es fortan Beschränkungen in der Benutzung unterliegt, denen es bisher nicht unterworfen war. Für die gesetzlichen Beschränkungen im dritten Rayon wird indessen nach § 38 Satz 1 Entschädigung nicht gewährt; bezüglich eines im dritten Rayon gelegenen Grundstücks wird nach Satz 2 das. Entschädigung nur in dem Falle gewährt, daß die Genehmigung zu einer der in § 13 des Gesetzes gedachten Anlagen versagt wird. Zu diesen ist, wie das Berufungsgericht ohne Rechtsirrtum annimmt, auch die Anlegung und der Betrieb einer Kiesgrube zu zählen. Dazu bedurfte es der Genehmigung der Kommandantur schon zu der Zeit, als die Parzelle 36 noch im dritten Rayon lag. Insoweit hat sich im allgemeinen durch die Rayonverlegung nichts geändert. Aus den tatsächlichen Verhältnissen aber ergibt sich naturgemäß — davon gehen die Vorinstanzen unzweifelhaft aus —, daß im ersten, der Festung nächstgelegenen Rayon die Genehmigung nach § 13 des Gesetzes unter den in Abs. 2 das. angeführten Gesichtspunkten je nach den Umständen schwieriger, unter schwereren Bedingungen oder in beschränkterem Umfange zu erlangen sein wird, als im dritten Rayon. Diese Aussicht kann an sich im Sinne des § 34 als eine durch die Rayonänderung bewirkte, im Vergleich zu der vorigen Lage des Grundstücks im dritten Rayon erhöhte Nutzungsbeschränkung angesehen werden. Und für diese könnte nunmehr, da das Grundstück nicht mehr dem dritten, sondern dem ersten Rayon angehört, grundsätzlich die Gewährung einer Entschädigung in Frage kommen, wodurch gegebenenfalls diejenige Wertminderung auszugleichen wäre, welche das Grundstück etwa dadurch erleidet, daß nach seiner Verlegung in den ersten Rayon die Gefahr, eine der in § 13 gedachten Anlagen werde nicht oder nur teilweise genehmigt werden, größer ist, als sie im dritten Rayon war.

Die Ausführungen des Berufungsgerichts stellen nicht völlig außer Zweifel, ob es sich der Möglichkeit bewußt war, daß auf diesem Wege eine Wertminderung entstehen könne, oder ob es die Entstehung eines Schadens überhaupt nur für den Fall ins Auge gefaßt hat, daß die Genehmigung zur Anlage und zum Betrieb einer Kiesgrube auf Parzelle 36 werde versagt werden. Und weiter könnte auch die Ausführung des Berufungsgerichts Bedenken begegnen, daß zur Zeit, nämlich solange der Beklagte auf einen bestimmten Antrag einen endgültigen Bescheid noch nicht gegeben habe, der Schadensersatzanspruch der Kläger noch keine „greifbare Gestalt“ habe. Wenn eine in der Tat eingetretene Wertminderung nach dem Willen des Gesetzes zu entschädigen wäre, so könnte sich das Gericht nach § 287 ZPO., der auch für das Rayongesetz gilt (Rep. VI. 271/13; vgl. auch § 42 Abs. 3 RayonG.), und den hierzu in der Rechtsprechung des Reichsgerichts feststehenden Grundsätzen der Aufgabe, den entstandenen Schaden zu schätzen, grundsätzlich nicht mit der Begründung entziehen, es fehle an der Substanziierung eines bestimmten Betrags. Es braucht indessen hierauf näher nicht eingegangen zu werden. Das angefochtene Urteil war aufrecht zu erhalten, weil das Ergebnis, zu dem das Berufungsgericht gelangt ist, für rechtlich zutreffend zu erachten war.

Die Entscheidung des Berufungsgerichts kennzeichnet sich, soweit es die klägerischen Entschädigungsansprüche in Ansehung der Kiesgewinnung auf Parzelle 36 abgewiesen hat, als eine Abweisung zur Zeit. Das Berufungsgericht will den Klägern den Anspruch auf Entschädigung wegen der gefährdeten Kiesausbeute nicht schlechthin aberkennen, sondern, wie die Urteilsbegründung zweifelsfrei ergibt, nur weil und solange die aus der Verlegung des Grundstücks in den ersten Rayon entfließende Nutzungsbeschränkung eine praktische Bedeutung noch nicht erlangt hat. Eine solche läßt sich erst dann annehmen und näher absehen, wenn auf einen bestimmten Abbauplan der Kläger die Kommandantur einen bestimmten Bescheid erteilt hat. Alsdann erst soll die Entschädigung verlangt und nach Maßgabe der aus dem Bescheide der Kommandantur sich ergebenden Beschränkung der Kiesausbeute festgesetzt werden.

Diese Betrachtungsweise ist zu billigen. Allerdings bleibt dabei die in den vorausgeschickten allgemeinen Erwägungen berührte Möglichkeit zunächst außer Betracht, daß schon die Aussicht, es könne in Zukunft bezüglich der Ausbeutung des Kieslagers im ersten Rayon eine im Vergleich zum dritten Rayon erheblichere Beschränkung eintreten, eine Wertminderung für das Grundstück ergeben könne. Dies erscheint indessen in Fällen der hier gegebenen Art, insbesondere wo es sich um die Gewinnung mineralischer Bodenschätze handelt, deren Vorkommen nach Art und Menge noch gar nicht näher feststeht, dem praktischen Bedürfnis angemessen und rechtlich nicht unstatthaft. Die Schätzung einer aus jener Möglichkeit entfließenden Wertminderung würde, wie hier, so in den meisten Fällen verwandter Art in Ermangelung sonstiger Anhaltspunkte große Weitläufigkeiten und schwierige Ermittelungen veranlassen. Folgerichtig könnte man z. B. im vorliegenden Falle dazu gelangen, der Militärbehörde die Aufgabe zu stellen, daß sie ihrerseits einen Abbauplan oder gar deren mehrere ausarbeite, um Art und Umfang der für die Kläger zu gewärtigenden Interessengefährdung zu übersehen und einzuschätzen, ein gewiß nicht mehr angemessenes und im Gesetze nicht begründetes Verlangen. Und selbst bei umfangreichen und eindringenden Ermittelungen würden nach der Natur der Sache die darauf gegründeten Schätzungen vielfach unzulänglich und unbefriedigend bleiben, den Interessen der Entschädigungsberechtigten möglicherweise nicht völlig gerecht werden und die Ergebnisse würden bei einem verhältnismäßig geringen Umfange der Beschränkung zu der aufgewandten Mühe in keinem Verhältnis stehen. Erwägungen gleicher Art haben inhaltlich des Kommissionsberichts zum Entwurf des Gesetzes RTDrucks. II. Sess. 1871 Nr. 93 S. 20 seiner Zeit dazu geführt, für die Grundstücke im dritten Rayon (§ 38 des Gesetzes) die Entschädigungspflicht nicht ohne weiteres anzuerkennen, sondern grundsätzlich zu verneinen und nur ausnahmsweise für den Fall zuzulassen, daß die Genehmigung zu einer der in § 13 gedachten Anlagen versagt wird. Erst wenn und nachdem hierdurch die aus der Rayonbeschränkung sich ergebende Nutzungsbeschränkung feststeht, soll Entschädigung gefordert werden dürfen. Gerade auch im Hinblick auf diese Regelung in § 38 RayonG. ist das im vorstehenden gekennzeichnete Ergebnis für Fälle der hier in Frage stehenden Art als im Sinne des Gesetzes gelegen anzusehen. Allerdings spricht der erste Satz des § 38 nur von den Grundstücken des dritten Rayons, und es könnte danach zweifelhaft erscheinen, ob nicht auch der zweite Satz des § 38,

„Wenn jedoch die Genehmigung zu einer der im § 13 gedachten Anlagen versagt wird, so gewährt das Reich Entschädigung",

in diesem einschränkenden Sinne nur von Grundstücken des dritten Rayons zu verstehen sein möchte. Darüber braucht für den vorliegenden Fall nicht im allgemeinen entschieden zu werden. Für den hier allein zu beurteilenden Fall, daß ein Grundstück, das bereits dem dritten Rayon angehört, aus diesem in den ersten Rayon verlegt wird, kann nicht angenommen werden, daß durch diese Rayonänderung der Entschädigungsanspruch für versagte Genehmigung verloren gehe. Steht dieser Entschädigungsanspruch im dritten Rayon zu, wo im übrigen für Beschränkungen grundsätzlich gar keine Entschädigung gewährt wird, so kann der Grundstücksbesitzer durch den Übergang des Grundstücks in den ersten Rayon, für dessen Beschränkungen grundsätzlich Entschädigung gewährt wird, nicht schlechter gestellt werden. Ein solches Ergebnis würde der inneren Begründung entbehren und der Billigkeit widersprechen. Der Grundbesitzer kann vielmehr diese Entschädigung auch dann verlangen, wenn das Grundstück, das dem dritten Rayon angehört hatte, zu der Zeit, wo die Genehmigung nachgesucht und versagt wird, nicht mehr diesem, sondern dem ersten (oder zweiten) Rayon angehört. Ob die Entschädigung für versagte Genehmigung auch dann noch verlangt werden könnte, wenn eine solche bereits für die drohende Versagung oder Erschwerung zugesprochen wäre, braucht hier nach der Sachlage nicht entschieden zu werden. Wird im vorliegenden Falle künftig auf Einreichung eines Gesuchs der Kläger um Genehmigung eines bestimmten Abbauvorhabens diese Genehmigung ganz oder teilweise versagt werden, so können die Kläger den ihnen hierdurch bezüglich der Ausbeutung des Kieslagers entstehenden Schaden nunmehr geltend machen."

---

91. 1. Muß die aktienrechtliche Anfechtungsklage einem in seiner Wohnung nicht angetroffenen Aufsichtsratsmitglied im Geschäftslokale der Gesellschaft zugestellt werden?
2. Zu den Begriffen der Aktiengattungen und der Vorzugsaktien.

ZPO. §§ 181, 182, 184 Abs. 2.
HGB. § 185.

II. Zivilsenat. Urt. v. 2. Januar 1914 i. S. Deutsche Levantelinie (Bekl.) w. Norddeutscher Loyd (Kl.). Rep. II. 409/13.

I. Landgericht Hamburg, Kammer für Handelssachen.
II. Oberlandesgericht daselbst.

Das Grundkapital der beklagten Aktiengesellschaft betrug anfangs des Jahres 1912 neun Millionen Mark zu je 1000 *M*. Eine verhältnismäßig große Anzahl von Aktien war nach § 5 Abs. 2, § 24 der Satzung mit Vorrechten ausgestattet, die sich auf die Liquidation bezogen, namentlich aber ein Recht auf Nachbezug von Dividende für gewinnlose Jahre zum Gegenstande hatten. Entsprechend einem Beschlusse vom Jahre 1908, wonach auch die bisherigen Stammaktien die Vorrechte durch Zuzahlung von 30 % auf die Aktie erwerben konnten, hatten nach und nach so viele Aktionäre die Zuzahlung geleistet, daß Ende des Jahres 1910 8750 Vorzugsaktien und nur noch 250 Stammaktien vorhanden waren. Gewinn wurde in den Jahren 1909 und 1910 nicht erzielt; erst nach dem Jahre 1911 stand ein Überschuß zur Verfügung.

Unter diesen Umständen ging die Verwaltung der Beklagten damit um, den Rest der Stammaktien mit den übrigen gleichzustellen und das Grundkapital zu erhöhen. Dem ersten Zwecke sollten folgende, der Generalversammlung vom 3. April 1912 unterbreitete Anträge dienen: „a) Die Gesellschaft verzichtet den Inhabern noch unbekannt ausstehender 21 Stammaktien gegenüber auf die Zuzahlung von 30 % nebst Zinsen. Diese 21 Stammaktien werden hiernach zu Vorzugsaktien und zwar mit Gewinnberechtigung ab 1. Januar 1911 erklärt. b) Nach rechtskräftiger Durchführung des Beschlusses unter a) werden die restlichen 229 Stammaktien, für welche die Zuzahlung nebst Zinsen bereits der Gesellschaft zur Verfügung gestellt ist, gleichfalls zu Vorzugsaktien und zwar mit Gewinnberechtigung ab 1. Januar 1911 erklärt. c) Nach der Durchführung der Beschlüsse unter a) und b) werden die den gesamten Vorzugsaktien eingeräumten Vorrechte im Wege der Abstempelung aufgehoben." Diese Anträge wurden zur Abstimmung gestellt, nachdem die Bilanz nebst Gewinn- und Verlustrechnung auf den 31. Dezember 1911 genehmigt worden war. Da die Versammlung nur die Anträge unter a) und b) annahm — diese einstimmig — den Antrag c) aber ablehnte, zogen Vorstand und Aufsichtsrat den Antrag auf Erhöhung des Grundkapitals zurück. Die Beschlüsse zu a) und b) wurden in das Handelsregister eingetragen.

Alsbald hernach nahm die Verwaltung den Plan der Kapitalerhöhung wieder auf. Zum 11. Juni 1912 berief sie eine Generalversammlung mit der Tagesordnung, daß für drei Millionen neue, mit den bisherigen 9000 Stück gleichberechtigte Aktien ausgegeben werden sollten. Für diesen Antrag wurden 4953, dagegen 2234 Stimmen abgegeben. Der Vorsitzende, der sich auf § 5 Abs. 1 der Satzung stützte, wonach eine Erhöhung des Grundkapitals mit einfacher Mehrheit beschlossen werden konnte, erklärte den Antrag für angenommen. Die Klägerin, eine Aktionärin, hatte gegen den Antrag gestimmt und Widerspruch zu Protokoll erhoben. Ihre Anfechtungsklage machte drei Klaggründe geltend: 1. behauptete sie, trotz der Beschlüsse vom 3. April 1912 seien verschiedene Aktiengattungen vorhanden gewesen, da die 8750 Aktien schon vom 1. Januar 1909 an, die 250 Stück aber erst vom 1. Januar 1911 Dividende hätten beziehen sollen. Daher habe es gesonderter Abstimmung der beiden Gruppen und eines Hinweises hierauf in der Ankündigung der Generalversammlung bedurft. 2. Da es sich nicht allein um Kapitalerhöhung, sondern zugleich um Beseitigung des Vorrechts der alten Aktien gehandelt habe, sei eine Mehrheit von drei Vierteilen zur Beschlußfassung nötig gewesen. 3. Mit Rücksicht auf das unter 1. erwähnte Bestehen verschiedener Gruppen sei der gefaßte Beschluß unverständlich und widersinnig; man wisse nicht, welcher Gruppe die neuen Aktien gleichstehen sollen. Die Beklagte bestritt dieses Vorbringen und behauptete ihrerseits, die Klage sei nicht formgerecht zugestellt.

Die Kammer für Handelssachen erklärte den angefochtenen Beschluß für nichtig. Das Oberlandesgericht wies die Berufung zurück. Dagegen führte die Revision zur Abweisung der Klage aus folgenden

Gründen:

„I. Nach § 272 Abs. 1 HGB. wird die Aktiengesellschaft im Anfechtungsprozesse durch den Vorstand, sofern dieser nicht selbst klagt, und durch den Aufsichtsrat vertreten. Vorliegend ist die Klageschrift dem Vorsitzenden des Aufsichtsrats der Beklagten H. in der Weise zugestellt worden, daß sie in dessen Privatwohnung einem Diener übergeben wurde. Dies, meint die Revision, widerstreite dem § 184 Abs. 2 ZPO., wonach, wenn der gesetzliche Vertreter in seiner Wohnung nicht angetroffen wird, die Vorschriften der §§ 181, 182 über die Ersatzzustellung nur beim Fehlen eines besonderen Geschäftslokals eingreifen. Die Klageschrift habe im Geschäftslokal der Beklagten zugestellt werden müssen.

Der Angriff der Revision versagt. Dem Oberlandesgerichte muß darin beigepflichtet werden, daß § 184 ZPO. auf die Zustellung einer Klage aus § 271 HGB. an ein Mitglied des Aufsichtsrats überhaupt nicht anwendbar ist. Allerdings geht es zu weit, wenn das Oberlandesgericht dem Aufsichtsrate die Eigenschaft als gesetzlicher Vertreter der Aktiengesellschaft in Anfechtungsprozessen bestreitet. Da unter diesen Begriff nach § 51 ZPO. jeder fällt, dem nach den Vorschriften des bürgerlichen Rechtes die Vertretung einer nicht prozeßfähigen Partei zusteht, läßt sich nicht wohl bezweifeln, daß im Falle des § 271 HGB. neben dem Vorstand auch der Aufsichtsrat zu den gesetzlichen Vertretern der Aktiengesellschaft gehört. Aber die Vorschriften des § 184 ZPO. über die Zustellung im Geschäftslokal passen auf den Aufsichtsrat nicht, und deshalb kann nicht angenommen werden, daß sie im Sinne des Gesetzes darauf bezogen werden müßten. Das Gesetz geht davon aus, daß sich der gesetzliche Vertreter während der gewöhnlichen Geschäftsstunden im Geschäftslokal aufzuhalten pflegt. Das gilt wohl von dem mit der Führung der laufenden Geschäfte betrauten Vorstande, nicht aber von den Mitgliedern des Aufsichtsrats. Überaus häufig wohnen diese Personen in aller Welt zerstreut und fern vom Sitze der Aktiengesellschaft; im Geschäftslokal der Gesellschaft sind sie fast niemals anzutreffen. Müßte es hiernach als eine lästige Formvorschrift erscheinen, wenn gleichwohl die Zustellung an den Aufsichtsrat im Geschäftslokal vorzunehmen wäre, so kommt noch eine andere Erwägung hinzu, derzufolge eine solche Bestimmung den Zwecken des Gesetzes geradezu zuwiderlaufen würde. Die Anordnung einer Doppelvertretung bei den Anfechtungsklagen hat ihren Grund in dem Bestreben, ein arglistiges Zusammenwirken des Klägers mit dem Vorstande zu verhüten. Dieser Zweck wird verfehlt, wenn der Vorstand den Aufsichtsrat über die Tatsache der Klagerhebung in Unkenntnis halten kann. Nach der Auslegung aber, die die Revision vertritt, würde er hierzu imstande sein. Ob man unter den „Beamten", an die nach § 184 Abs. 1 bei Abwesenheit im Geschäftslokal zugestellt werden müßte, die Mitglieder des Vorstandes mitzuverstehen hätte oder nicht, fiele hierfür praktisch nicht einmal ins Gewicht; stets könnten sie sich das Exemplar, das der Aufsichtsrat erhalten soll, verschaffen. Auch wenn der Vorstand selbst die Klage erheben würde, könnte er nach dieser Ansicht die Ersatzzustellung in der Weise bewerkstelligen lassen, daß ihm selber die Klageschrift ausgehändigt würde. Derartiges kann der Gesetzgeber nicht gewollt haben.

Auf die Frage der Heilung des vermeintlichen Zustellungsmangels nach § 187 ZPO. kommt es unter diesen Umständen nicht an. Die Beklagte hatte erklärt, der Diener habe die ihm übergebene Klageschrift entsprechend einer allgemeinen Anweisung, die ihm von H. erteilt war, dem Archivar des Rechtsbureaus der Handelsvereinigung überreicht. Trotz der weiteren Erklärung, H. habe das für ihn bestimmte Exemplar niemals gesehen, glaubt das Oberlandesgericht die Sache doch ebenso behandeln zu dürfen, wie wenn die Klageschrift dem H. ausgeliefert wäre. Ob sich dies rechtfertigen ließe gegenüber dem Wortlaute des § 187, wonach das Schriftstück „in die Hände" des Betreffenden gelangt sein muß, braucht nach dem Gesagten nicht erörtert zu werden.

II. In der Sache selbst läßt sich das Urteil des Oberlandesgerichts nicht billigen. Die Gesetzesverletzungen, die dem angefochtenen Generalversammlungsbeschlusse vorgeworfen werden, liegen in Wirklichkeit nicht vor.

1. Zunächst meint das Oberlandesgericht, am 11. Juni 1912 seien zwei Gattungen von Aktien mit verschiedener Berechtigung vorhanden gewesen, nämlich einmal die 8750 Aktien, die schon vor dem 3. April 1912 Vorzugsaktien waren, und sodann die 250 Stück, die es erst durch die damaligen Beschlüsse geworden seien. Während die erste Gruppe gemäß der Satzung eine Nachzahlung an Dividende vom 1. Januar 1909 ab habe fordern dürfen, seien die neuen Vorzugsaktien mit Gewinnberechtigung erst vom 1. Januar 1911 ausgestattet worden. Daher hätten die Vorschriften der §§ 278 Abs. 2, 275 Abs. 3, 256 Abs. 2 HGB. beobachtet werden müssen, sodaß es neben der Beschlußfassung der Generalversammlung einer gesonderten Abstimmung in jeder Gruppe und der Ankündigung dieses Erfordernisses bei der Berufung der Versammlung bedurft habe. Den angeblichen Unterschied der beiden Aktiengruppen hat auch die Kammer für Handelssachen nicht in Zweifel gezogen. Sie

hat ihn aber für den Begriff der „verschiedenen Aktiengattungen“ nicht für ausreichend erachtet, weil es sich nicht um grundsätzlich und auf die Dauer voneinander abweichende Berechtigungen handle, vielmehr das Vorrecht der alten Vorzugsaktien nach vollendeter Nachzahlung der Dividende für 1909 und 1910 ohne weiteres verschwinden werde. Es mag sein, daß hiermit eine Unterscheidung in das Gesetz hineingetragen wird, die darin nicht enthalten ist. Indessen kommt es darauf nicht an, da beide Vorinstanzen den offen zutage liegenden Tatbestand verkannt haben. Sehr mit Unrecht findet das Oberlandesgericht in den Beschlüssen vom 3. April 1912 „klar ausgedrückt“, erstens, daß die 250 Aktien Nachzahlung für 1909/10 überhaupt nicht bekommen sollten, zweitens, daß sie, solange nicht das Nachzahlungsrecht der 8750 Stück befriedigt sei, auch für 1911 nicht mehr als 5 % bekämen. Alles dies beruht auf Mißverständnis; der wirkliche Sachverhalt ist ein ganz anderer.

Die Anträge der Verwaltung unter a) bis c) sind oben wiedergegeben. Im Geschäftsberichte wurde erläuternd dazu bemerkt, die Aufgabe sei, eine einheitliche Gattung von Aktien zu schaffen. Von den 250 Stammaktien befänden sich 229 im Besitz eines Großaktionärs, der zufolge der Umwandlungsgestattung von 1908 die 30 % Zuzahlung der Gesellschaft mit Zinsen zur Verfügung gestellt habe. Gegenüber den 21 Stück, die in den Händen unbekannter Aktionäre seien, werde vorgeschlagen, auf die Zuzahlung zu verzichten. Dem entsprach es, wenn weiter vorgeschlagen wurde, auf das ganze Grundkapital, also auf sämtliche 9000 Aktien, 6 % Dividende zu verteilen, und wenn es in dem Bilanzentwurf hieß: „6 % Dividende auf 8750000 *M* = 525000 *M*; Rückstellung von 6 % Dividende für 250000 *M* in Umwandlung begriffene Stammaktien = 15000 *M*.“ Indem nun die Generalversammlung zunächst die Bilanz nebst Gewinn- und Verlustrechnung genehmigte, bewirkte sie, daß, falls die 250 Stammaktien das gleiche Gewinnbeteiligungsrecht wie die bisherigen Vorzugsaktien erlangen würden, auch sie an dem Gewinne des Jahres 1911 mit 6 % teilzunehmen hatten. Die Bedingung aber wurde durch Annahme der Anträge unter a) und b) erfüllt.

Der Verschiedenheit der Ausdrucksweise — „Dividendennachbezugsrecht ab 1. Januar 1909“; „Gewinnberechtigung vom 1. Januar 1911 an“ — kommt tatsächliche Bedeutung nicht zu. Die erstere Bezeichnung war durch die Ereignisse überholt. Von Anfang an stand das Recht auf Nachzahlung von Gewinn nur den Aktionären des Gewinnjahres zu. Nach der Satzung kennzeichnete sich dieses Recht als ein unselbständiges Recht des Aktionärs, das mit dem Kupon des Gewinnjahres verknüpft war; die Kupons für die gewinnlosen Jahre 1909 und 1910 waren wertloses Papier geworden (vgl. Entsch. des RG.'s in Zivils. Bd. 82 S. 144). Wurde nun beschlossen, daß alle Aktionäre gleichmäßig am Gewinne teilnehmen sollten, so entfiel damit die Möglichkeit, innerhalb der Dividende fernerhin zwischen einem Teilbetrage, der auf das laufende Jahr, und einem anderen Betrage, der auf frühere Jahre gerechnet wurde, zu unterscheiden. Die Bemerkung des Geschäftsberichts, die auf den Kupon für 1911 zahlbaren 6 % stellten 5 % Vorzugsdividende für 1911 und 1 % Nachzahlungsdividende nach § 5 Abs. 2 der Satzung dar, erklärt sich von dem Standpunkte vor den Beschlüssen unter a) und b). Nachdem diese Beschlüsse gefaßt waren, handelte es sich nur noch um eine einheitliche Dividende. Dabei brachte der Zusatz „vom 1. Januar 1911 ab" zum Ausdruck, daß die Gleichstellung den 250 Aktien mit den übrigen nicht erst für den künftig erhofften Gewinn gelten, sondern schon gegenüber dem Gewinne des verflossenen Geschäftsjahres, der zur Verteilung bereit lag, durchgeführt werden sollte. Ein noch früherer Anfangszeitpunkt der Gewinnberechtigung kam nicht in Frage; vor dem Jahre 1911 war Gewinn nicht erzielt worden.

Hiernach ist es unrichtig, daß am 11. Juni 1912 eine verschiedene Berechtigung der 8750 und der 250 Aktien bestanden hätte. Verschiedene Gattungen von Aktien waren nicht mehr vorhanden; der angefochtene Beschluß konnte nur in einer einheitlichen Generalversammlung der Aktionäre gefaßt werden. Mit dem sonach hinfälligen ersten Klaggrund erledigt sich aber auch der dritte. Gab es vor dem angefochtenen Beschluß nur ein einheitliches Aktienkapital, so ist der Ausspruch, daß die neuen Aktien den alten gleichstehen sollten, weder unklar noch widersinnig.

2. Einen weiteren Verstoß gegen das Gesetz erblickt das Oberlandesgericht in Übereinstimmung mit der zweiten Klagebegründung darin, daß der Beschluß vom 11. Juni 1912 nur mit einfacher Mehrheit gefaßt worden ist. Es führt aus, auch wenn die Aktionäre nach den Beschlüssen vom 3. April untereinander gleichmäßig be-

rechtigt gewesen seien, so hätten sie doch gegenüber neu zu schaffenden Aktien dieselben Vorrechte gehabt, die nach § 5 Abs. 2, § 24 der Satzung vor jenen Beschlüssen den 8750 gegenüber den 250 zustanden. Es ergebe sich das aus der Ablehnung des Antrags c), die den gesamten Vorzugsaktien eingeräumten Vorrechte im Wege der Abstempelung aufzuheben. Nicht nur die Aktionäre, die gegen diesen Antrag stimmten, sondern auch Vorstand und Aufsichtsrat hätten offenbar den Willen gehabt, trotz der unmittelbar zuvor erfolgten Umwandlung der 250 Aktien in Vorzugsaktien die Vorrechte der Aktien im ganzen aufrechtzuhalten. Nur bei dieser Annahme lasse sich die Einbringung des Antrags c) sowie ferner die Tatsache erklären, daß der Antrag auf Erhöhung des Grundkapitals, der ohne Gleichstellung der neuen Aktien mit den alten für die Verwaltung keinen Wert hatte, zunächst zurückgezogen wurde. Der Wille der Beteiligten sei auch keineswegs auf etwas rechtlich Unmögliches gegangen. Nicht selten würden bei Gründung einer Aktiengesellschaft, obwohl nur eine einzige Aktiengattung geschaffen werde, den Aktionären Vorrechte mannigfaltiger Art gewährt, z. B. so, daß sie das Recht erhielten, bei Erhöhung des Grundkapitals einen bestimmten Teil der neuen Aktien zum Parikurse zu beziehen. Ganz ebenso verhalte es sich hier. Daher sei es zwar angängig gewesen, eine Erhöhung des Grundkapitals an sich, d. h. bei Wahrung der Vorrechte der alten Aktien, mit einfacher Mehrheit vorzunehmen. Zur Beseitigung des Vorrechts aber habe die einfache Mehrheit nicht genügt. Die erleichternde Vorschrift des § 5 Abs. 1 der Satzung gelte nur für die reine Grundkapitalerhöhung; für sonstige Satzungsänderungen bewende es bei dem Gesetze.

Diesen Ausführungen ist zunächst entgegenzuhalten, daß der Begriff der Vorzugsaktie, so wie er dem Rechtsleben allein bekannt ist und dem § 185 HGB. zugrunde liegt, durchaus an die Voraussetzung des Nebeneinanderbestehens verschiedener Aktiengattungen geknüpft ist. Werden Vorzugsaktien und Stammaktien einander gleichgestellt, so bedeutet das die Beseitigung der Vorrechte. Es werden also nicht, wie in den Anträgen a) und b) ungenau gesagt war, sämtliche Aktien zu Vorzugsaktien erklärt, vielmehr sind nunmehr alle Aktien Stammaktien geworden. Für dieses Ergebnis macht es nichts aus, wenn unterlassen wird, die Rechtsänderung durch Abstempelung der Aktienurkunden zum Ausdrucke zu bringen. Eine solche Abstempelung ist für den Verkehr, insbesondere den Bank- und Börsenverkehr, allerdings erwünscht; rechtliche Bedeutung kommt ihr nicht zu. Für den Eintritt der Rechtsänderung genügt es, wenn die Beseitigung der Vorrechte, die übrigens auch in der gedruckten Satzung vermerkt zu werden pflegt, aus dem Handelsregister hervorgeht.

Insoweit freilich hat das Oberlandesgericht recht, daß es logisch denkbar sein würde, sämtlichen Aktien das Recht zu verleihen, im Falle einer Kapitalerhöhung vor den neuen Aktien bevorzugt zu werden. Es wäre das ein Anspruch auf künftige Bevorrechtigung. Würden die hier fraglichen Aktien am 3. April 1912 einen solchen Anspruch eingeräumt erhalten haben, so hätte sich die am 11. Juni ausgesprochene Gleichstellung der neuen Aktien mit den alten als eine Aufhebung des durch die Satzung gewährleisteten Anspruchs, mithin als eine Änderung der Satzung dargestellt. Da § 5 Abs. 1 der Satzung auf die Änderung nicht zu beziehen wäre, würde es hierzu nach § 275 HGB. einer Mehrheit von drei Vierteilen des bei der Beschlußfassung vertretenen Grundkapitals bedurft haben. Es ist verfehlt, wenn die Revision einwendet, die Gestattung des § 5 Abs. 2 der Satzung, einem Teile der Aktien durch einfache Mehrheit die näher bestimmten Vorzugsrechte mit Bezug auf die Liquidation und die Gewinnverteilung einzuräumen, sei schon am 3. April auf alle Aktien ausgedehnt worden und habe deshalb die Möglichkeit geboten, die Vorrechte den am 11. Juni neu geschaffenen Aktien auch ohne Satzungsänderung zukommen zu lassen. Indem die Revision vergißt, daß die Folge der Gleichstellung der bisher verschiedenen Aktiengattungen der Untergang, nicht die Ausdehnung der bestehenden Vorrechte war, verfällt sie in denselben Fehler, der dem Oberlandesgerichte untergelaufen ist. Vor allem aber übersieht sie, daß das Oberlandesgericht sachlich an ein ganz anderes Recht denkt, nämlich an das angeblich am 3. April für sämtliche Aktien neu begründete Recht, bei einer künftigen Kapitalerhöhung bevorzugt zu werden.

Muß hiernach dem Oberlandesgericht auch zugegeben werden, daß seine Annahme eines Anspruchs auf künftige Bevorrechtigung nicht gegen die Denkgesetze verstößt, so kann doch davon, daß die 9000 Aktien der Beklagten am 3. April 1912 mit diesem Anspruch ausgestattet worden wären, keine Rede sein. Ein solcher Vorgang würde allen Erfahrungen des Lebens widersprechen. Kapitalerhöhungen pflegen wohl mit der Zusicherung von Vorrechten für die neuen Aktien verbunden zu werden. Daß aber versucht würde, fremdes Kapital dadurch herbeizulocken, daß man ihm verspräche, hinter den alten Aktien zurückgesetzt zu werden, das wird schwerlich jemals vorgekommen sein. Das vom Oberlandesgerichte beispielsweise erwähnte Bezugsrecht auf neue Aktien — vgl. § 282 HGB. — hat mit diesen Dingen nichts zu tun. Es handelt sich dabei nicht um eine Bevorrechtigung der alten Aktien gegenüber den neuen; ist das Bezugsrecht ausgeübt, so stehen beiderlei Aktien einander gleich. Es ist auch im höchsten Maße unwahrscheinlich, daß in der Generalversammlung vom 3. April 1912 die Mehrheit der Aktionäre, oder daß gar Vorstand und Aufsichtsrat an ein Vorrecht gegenüber künftigen Aktien, wie es das Oberlandesgericht will, gedacht haben sollten. Der Antrag c) war im Interesse der Verdeutlichung eingebracht. Die Zurückziehung des Erhöhungsantrags erklärt sich ungezwungen aus der Überraschung über die unerwartete Ablehnung des Antrags c), die es der Verwaltung geraten erscheinen lassen mochte, die Folgen der Ablehnung in Ruhe zu überdenken.

Indes mag dem sein wie es will: die angebliche Willensmeinung der Beteiligten hat ihren rechtserheblichen Ausdruck nicht gefunden. Nicht einmal in die gedruckte Satzung ist etwas davon aufgenommen worden, daß vom 3. April 1912 an sämtliche Aktien gegenüber etwa neu zu schaffenden nach Maßgabe des § 5 Abs. 2 bevorrechtigt sein sollten. Vor allem aber wurde dies nicht in das Handelsregister eingetragen, und deshalb hat die behauptete Satzungsänderung, wenn sie wirklich beschlossen sein sollte, nach § 277 Abs. 3 HGB. keine Wirkung gehabt. Es waren schlichte Stammaktien ohne besondere Nebenrechte, aus denen sich das Grundkapital der Beklagten nach der Generalversammlung vom 3. April 1912 zusammensetzte. Daher stellte sich der Beschluß vom 11. Juni 1912, drei Millionen neue Aktien mit gleicher Berechtigung wie die alten zu schaffen, als reiner Kapitalerhöhungsbeschluß dar. Nach § 5 Abs. 1 der Satzung konnte er mit einfacher Sicherheit gefaßt werden."

92. 1. Zum Begriffe des Angestellten oder Beauftragten im Sinne des Gesetzes gegen den unlauteren Wettbewerb.
2. Was muß vorliegen, damit der Inhaber eines geschäftlichen Betriebs nach § 13 Abs. 3 UnlWG. wegen Handlungen von Angestellten oder Beauftragten auf Unterlassung in Anspruch genommen werden kann?

II. Zivilsenat. Urt. v. 2. Januar 1914 i. S. M. (Bekl.) w. H. (Kl.). Rep. II. 434/13.

I. Landgericht I Berlin, Kammer für Handelssachen.
II. Kammergericht daselbst.

Die Parteien betrieben beide den Handel mit Dünger. Der Kläger hatte beantragt, den Beklagten zu verurteilen, 1. in seinen geschäftlichen Korrespondenzen, Rundschreiben usw. die Aufschrift „Größtes Düngerversandgeschäft Deutschlands" zu unterlassen; 2. (a, in erster Linie) Dünger, welcher mit Straßenkehricht vermischt ist, nicht als reinen animalischen Dünger zu verkaufen; (b, hilfsweise) dafür Sorge zu tragen, daß seine Angestellten und Beauftragten nicht dem Dünger, welcher als reiner animalischer Dünger verkauft wird, Straßenkehricht beimischten.

Der erste Richter wies die Klage ab. Der Berufungsrichter gab dem Antrage zu 1 statt und erkannte ferner unter Abweisung des weitergehenden Antrags nach dem Hilfsantrag unter 2b. Auf die Revision des Beklagten wurde der Klagantrag zu 2 gänzlich abgewiesen aus folgenden

Gründen:

... „Bei der Verurteilung zu 2 des Berufungsurteils ist der Berufungsrichter zunächst von der Erwägung ausgegangen: wenn der Beklagte mit Straßenkehricht vermischten Dünger als reinen animalischen (reinen Stall-) Dünger verkaufe, so verstoße er gegen das Wettbewerbsgesetz. Er würde damit nicht nur seine Abnehmer täuschen, er würde auch die anderen Düngerhändler schädigen, indem er in der Lage wäre, den Dünger zu billigerem Preise zu verkaufen und so die Kundschaft von den anderen Händlern zu sich herüberzuziehen. Ein solches Verfahren, das den Abnehmern gegenüber eine strafbare Handlung darstelle, würde auch gegenüber den Konkurrenten als unsittlich erscheinen. Die Vermischung würde zu Zwecken des Wettbewerbs erfolgen, um zu günstigeren Bedingungen liefern zu können und um das eigene Geschäft zu kräftigen.

Sodann hat der Berufungsrichter bezüglich des vorliegenden Tatbestandes ausgeführt, der Kläger behaupte selbst nicht, daß in dem Geschäfte des Beklagten selbst durch seine Angestellten und Arbeiter Dünger mit Straßenkehricht vermischt werde. Erwiesen sei aber die Behauptung des Klägers, daß in umfangreichem Maße Leute, die für den Beklagten Dünger aufgekauft und verladen hätten, dem Dünger Straßenkehricht beigemischt hätten. Insbesondere hätten die Zeugen ... selbst zugegeben, daß sie Loren, die für den Beklagten verfrachtet worden seien, teilweise mit Straßenkehricht gefüllt hätten. Es sei nicht erwiesen, daß der Beklagte von der Vermischung des Düngers mit dem Kehricht Kenntnis gehabt und wissentlich mit solcher Ladung gefüllte Wagen abgesandt habe. Deshalb könne dem Hauptantrage des Klägers (auf Verurteilung des Beklagten, den mit Kehricht vermischten Dünger nicht als animalischen Dünger zu verkaufen) nicht stattgegeben werden. Denn dem Beklagten falle eine gegen die guten Sitten verstoßende Handlung nicht zur Last, und es könne niemandem aufgegeben werden, etwas zu unterlassen, was er nicht getan habe. Dagegen sei auf Grund des § 13 Abs. 3 UnlWG. der Hilfsantrag gerechtfertigt, dem Beklagten aufzugeben, dafür zu sorgen, daß seine Beauftragten die unzulässige Handlung unterließen. Die Aufkäufer seien „Beauftragte" des Beklagten im Sinne von § 13 Abs. 3; sie hätten von ihm den ständigen Auftrag, für ihn Dünger aufzukaufen und für seine Rechnung zu verfrachten.

Diesen Ausführungen gegenüber rügt die Revision Verletzung des materiellen Rechtes, insbes. des § 1 UnlWG., indem sie geltend macht, es handle sich nicht um „Beauftragte" des Beklagten. Die betreffenden Personen — von dem Berufungsrichter in seiner Urteilsformel mit „Verlader" bezeichnet — seien Lieferanten des Beklagten, die selbständig seien. Der Beklagte kaufe von ihnen reinen Dünger und wolle von ihnen auch solchen geliefert erhalten; er habe durchaus kein Interesse daran, statt der von ihm gekauften guten Ware schlechte (Kehricht) zu erhalten.

Die Revision mußte in diesem Punkte für begründet erachtet werden. Es ist zunächst zweifelhaft, ob der Berufungsrichter den

Begriff „Beauftragter“ in § 13 Abs. 3 UnlWG. (vgl. auch § 4 Abs. 2, § 14 Abs. 3, § 16 Abs. 4) rechtlich zutreffend aufgefaßt hat. Beauftragte im Sinne dieser Bestimmungen sind solche Personen, welche, ohne im Angestelltenverhältnis zu stehen, kraft Auftrags oder auch Werkvertrags in dem betreffenden Geschäftsbetriebe tätig sind (vgl. Begr. des Entw. zum UnlWG. v. 7. Juni 1909 S. 13). Die im vorliegenden Falle in Betracht kommenden Personen sind, wie die Revision zutreffend geltend macht, Lieferanten des Beklagten gewesen. Der Berufungsrichter bezeichnet sie selbst so an einer Stelle seines Urteils, und ausweislich des Tatbestandes beider Vorderurteile gehen die eigenen Behauptungen des Klägers ausdrücklich und lediglich dahin, daß der Beklagte den von ihm weiterverkauften Dünger von kleinen Fuhrleuten oder von anderen Händlern kaufe. Diese selbständigen, an sich dem Herrschaftsbereiche des Beklagten nicht unterstehenden Personen haben den Dung zwecks Lieferung an den Beklagten in die Loren geladen und ihn hierbei mit Straßenkehricht gemischt. Es erscheint nicht völlig klar, ob die Verladung in die Loren die Übergabe der Ware an den Beklagten darstellte, der sie sodann nach der Abnahme seinerseits an seine Abnehmer versandte, und zwar, wie der Berufungsrichter festgestellt hat, ohne Kenntnis von der Beimischung des Kehrichts, oder ob die Lieferanten für den Beklagten die Versendung an dessen Abnehmer bewirkten (§ 447 BGB.) und also insofern als Personen erachtet werden können, deren sich der Beklagte bei Ausübung seines Geschäftsbetriebs bediente. Dies kann aber dahingestellt bleiben. Auch wenn es sich um „Beauftragte“ im Sinne des nicht eng auszulegenden § 13 gehandelt hat, ist das Berufungsurteil nicht haltbar.

Der Berufungsrichter geht selbst davon aus, daß dem Beklagten persönlich eine das Wettbewerbsgesetz verletzende, insbesondere eine gegen die guten Sitten verstoßende Handlung nicht zur Last falle, und er hat deshalb den Hauptantrag des Klägers auf Verurteilung des Beklagten, den mit Kehricht vermischten Dünger nicht als animalischen Dünger zu verkaufen, als unbegründet abgewiesen. Er nimmt aber an, daß Personen, die für den Beklagten den Versand des Düngers bewirkt hätten, dadurch, daß sie dem Dünger Kehricht beimischten, betrügerische, gegen die guten Sitten verstoßende Handlungen vorgenommen hätten (§ 1 UnlWG.), und er erachtet — offenbar, weil dieser Sittenverstoß im Geschäftsbetriebe des Beklagten vorgekommen sei — den Beklagten auf Grund des § 13 des Gesetzes für verpflichtet, dafür zu sorgen, daß seine Beauftragten dies unterließen. Der Berufungsrichter will also den Beklagten für die betrügerischen Handlungen jener anderen, als Beauftragte des Beklagten angesehenen Personen haften lassen. Dabei übersieht er, daß die Handlungen dieser anderen Personen sich gegen den Beklagten selbst richteten, aber nicht „zu Zwecken des Wettbewerbs" des Beklagten vorgenommen worden sind. Die Personen, die Kehricht beigemischt haben, erhielten unstreitig von dem Beklagten Bezahlung nach Gewicht für den Zentner des von ihnen tatsächlich dem Beklagten Gelieferten. Sie haben, wie dies des näheren auch aus den vom Berufungsrichter bei seinen Feststellungen verwerteten Zeugenaussagen ohne weiteres erhellt, durch Beimischung des Kehrichts das Gewicht des Gelieferten und damit den ihnen von dem Beklagten zu zahlenden Preis erhöhen wollen und erhöht. Mit diesen allein in Frage kommenden Handlungen haben sie danach, da das Nichtwissen des Beklagten von der Beimischung festgestellt ist, den Kehricht nicht zu dem Zwecke beigemischt, damit der Beklagte seinen Abnehmern den von ihm gelieferten Dünger billiger verkaufen und so zu günstigeren Bedingungen als seine Konkurrenten liefern könne. Sie haben nicht das Geschäft des Beklagten kräftigen und nicht irgendwelche Kundschaft von anderen Händlern zu dem Beklagten herüberziehen wollen. Es fehlen danach die Voraussetzungen, unter denen der Berufungsrichter nach dem Eingange seiner Erwägungen selbst nur eine Wettbewerbshandlung des Beklagten für vorliegend erachten wollte, und bei dem Tun jener anderen Personen steht ein Wettbewerb des Beklagten außer aller Frage. Der Berufungsrichter ist zu seiner Verurteilung gelangt, indem er verkannt hat, daß, wenn der Geschäftsherr nicht für eigene Handlungen, sondern auf Grund des § 13 Abs. 3 UnlWG. für das Tun einer anderen Person, seines Angestellten oder Beauftragten, verantwortlich gemacht werden soll, dann von dieser anderen Person der Tatbestand einer der in § 13 Abs. 3 bezeichneten unzulässigen Handlungen erfüllt sein muß. Daran mangelt es hier. Keine der dort bezeichneten Handlnngen ist von den in Frage kommenden Personen vorgenommen worden. Insbesondere haben sie auch den Tatbestand des § 1 des Gesetzes nicht erfüllt, da sie die gegen die guten Sitten verstoßende Handlung nicht zu Zwecken des beklagtischen Wettbewerbs vorgenommen haben."

---

93. Erfordernisse der Gegenseitigkeit im Sinne des § 110 Abs. 2 Nr. 1 ZPO.

VII. Zivilsenat. Urt. v. 2. Januar 1914 i. S. W. (Bekl.) w. J. Erben (Kl). Rep. VII. 330/13.

I. Landgericht I Berlin.
II. Kammergericht daselbst.

Aus den Gründen:

„Die Einrede der mangelnden Sicherheit für die Prozeßkosten (§§ 110, 274 ZPO.) ist vom Berufungsrichter verworfen worden, weil sie erst in der Berufungsinstanz erhoben sei. Die Revision macht dagegen geltend, daß nach türkischem Rechte die klagende Partei für die erste Instanz Sicherheit nicht zu leisten brauche, und daß demnach auch von der Firma J. eine solche Sicherheit für die erste Instanz nicht habe verlangt werden können.

Richtig ist, daß in der Türkei nur die Rechtsmittelkläger dem Gegner für die Prozeßkosten Sicherheit zu leisten haben (vgl. Leske und Löwenfeld, Die Rechtsverfolgung im internationalen Verkehr Bd. 2 S. 368). Unrichtig ist aber die von der Revision hieraus gezogene Folgerung. Nach deutschem Rechte (§ 110 ZPO.) haben grundsätzlich ausländische Kläger dem Beklagten auf dessen Verlangen wegen der Prozeßkosten Sicherheit zu leisten. Eine Befreiung von dieser Pflicht tritt nach Abs. 1 Nr. 1 nur ein, wenn in gleichem Falle, d. h. in einem gleichartigen Prozesse, nach den Gesetzen des fremden Staates auch ein Deutscher zur Sicherheitsleistung nicht verpflichtet sein würde. Die Befreiung tritt demnach nicht ein, wenn nach jenen Gesetzen ein Deutscher zu einer Sicherheitsleistung herangezogen werden könnte. Auf den Umfang der Sicherheit und den Zeitpunkt der Fälligkeit kann es nicht ankommen. Der Sinn des § 110 ist nicht etwa der, daß der Ausländer immer gerade insoweit und in dem Maße sicherungspflichtig wäre, als es ein Deutscher im Auslande sein würde; die Zivilprozeßordnung kennt vielmehr nur eine vollständige Befreiung von der Sicherungspflicht, oder volle Sicherungspflicht, und die vollständige Befreiung greift nur Platz, wenn auch der ausländische Staat einem Deutschen volle und unbedingte Sicherungsfreiheit gewährt. Gewährt er solche nicht, so kann nach deutschem Rechte vom Ausländer von vornherein Sicherheit für die Prozeßkosten aller Instanzen verlangt werden, § 112 Abs. 2 ZPO.

Die Annahme des Berufungsrichters, daß die Beklagte schon in erster Instanz Sicherheit nach § 110 habe verlangen können, ist sonach für zutreffend zu erachten, und da keiner von den Ausnahmefällen des § 274 Abs. 3 vorliegt, ist die erst in zweiter Instanz erhobene prozeßhindernde Einrede mit Recht verworfen worden."

---

94. 1. Steht in Preußen dem ordentlichen Gerichte bei der Entscheidung über vermögensrechtliche Ansprüche eines unmittelbaren oder mittelbaren Staatsbeamten aus seinem Dienstverhältnis auch die Prüfung der Rechtsbeständigkeit des Anstellungsaktes zu, insbesondere auch in bezug auf den Einfluß von Willensmängeln, die bei der Anstellung mitgewirkt haben?

2. Sind hierbei die Vorschriften des bürgerlichen Rechtes entsprechend anzuwenden?

BGB. §§ 119, 123.

III. Zivilsenat. Urt. v. 3. Januar 1914 i. S. Stadtgemeinde S. (Bekl.) w. Th. (Kl.). Rep. III. 324/13.

I. Landgericht Guben.
II. Kammergericht Berlin.

Der Kläger wurde von dem Magistrat der Beklagten im Jahre 1907 als wissenschaftlicher Lehrer an der städtischen Mittelschule in S. angestellt. Sein Gehalt mit Einschluß des Wohnungsgeldzuschusses betrug nach der letzten Festsetzung 4255 *M* jährlich. Durch Schreiben vom 30. Mai 1912 eröffnete ihm der Magistrat, daß ihm für die Zeit vom 1. Juli 1912 an nur die Bezüge eines nicht wissenschaftlichen Mittelschullehrers bewilligt würden, weil er kein wissenschaftlicher Lehrer sei und die Beklagte in dieser Hinsicht in einen Irrtum versetzt habe. Sie fügte hinzu, daß sie auch die ihm gewährte Zurückdatierung seines Dienstalters aufhebe. Demgemäß zahlte ihm die Beklagte, während sie ihn den Unterricht in der bisherigen Weise fortsetzen ließ, vom 1. Juli 1912 an nur das entsprechende geringere Diensteinkommen. Der Kläger erhob deshalb Klage auf Zahlung der ihm gekürzten Bezüge und verlangte die Feststellung, daß die Beklagte verpflichtet sei, ihm gemäß dem Anstellungsvertrage für die Dauer seiner Amtstätigkeit an ihn Gehalt dergestalt zu zahlen, daß er 2200 *M* Grundgehalt habe, außerdem 480 *M* Wohnungsgeldzuschuß und die zugesicherten Alterszulagen mit der Maßgabe, daß als Tag seines Eintritts in den öffentlichen Schuldienst für seine Besoldung der 7. März 1885 festgestellt werde. Die Beklagte wandte ein, sie sei durch Irrtum über die Eigenschaft des Klägers als eines wissenschaftlichen Lehrers und durch eine ihm zur Last fallende arglistige Täuschung zu seiner Anstellung als wissenschaftlicher Mittelschullehrer bestimmt worden, wie sie im einzelnen weiter darlegte.

Das Landgericht verurteilte die Beklagte nach dem Klagantrage. Es nahm an, daß wegen des öffentlichrechtlichen Charakters des Amts- oder Dienstverhältnisses über die Vorfragen der Dienstentlassung usw., die mit den allerdings im Rechtswege verfolgbaren vermögensrechtlichen Ansprüchen aus dem Dienstverhältnis im Zusammenhange ständen, vom ordentlichen Gerichte nicht entschieden werden könne. Es meinte, die Beklagte hätte nachweisen müssen, daß die maßgebende Verwaltungsbehörde den Kläger im Wege des Disziplinarverfahrens auf das von ihr für richtig erachtete geringere Gehalt gesetzt habe. Das Kammergericht wies die Berufung zurück. Auch die Revision der Beklagten ist zurückgewiesen worden aus folgenden

Gründen:

„Das Berufungsgericht hat angenommen, daß für die vermögensrechtlichen Ansprüche der Lehrer an den höheren Gemeindeschulen keine Beschränkung des Rechtswegs bestehe, und daß, obgleich das Rechtsverhältnis der Lehrer an solchen Schulen zu der Gemeinde als einer Körperschaft des öffentlichen Rechtes lediglich öffentlichrechtlicher Natur sei, doch die Entscheidung über solche Ansprüche der Lehrer aus ihrem Dienstverhältnis nicht ohne Prüfung der Anstellung selbst erfolgen könne. Es hat demgemäß das Gericht auch für berufen erachtet, gegebenenfalls die Einwendungen des Betrugs und des wesentlichen Irrtums zu prüfen. Es ist aber dabei zu dem Ergebnis gelangt, daß diese Einwendungen hier in Übereinstimmung mit der Bezirksregierung in F. zu verwerfen seien. Die von der Revision hiergegen gerichteten Angriffe sind nicht begründet.

Die vom Berufungsgericht ausführlich erörterte Zulässigkeit des Rechtswegs unterliegt keinem Bedenken. In der Sache selbst bedarf es zunächst der Beantwortung einer Frage, auf welche die Revision selbst nicht eingegangen ist, der Frage nämlich, ob etwa, der Meinung des Landgerichts entsprechend, die Entscheidung über die Einwendungen der arglistigen Täuschung oder des Irrtums dem ordentlichen Gerichte, das über den vermögensrechtlichen Anspruch aus einem öffentlich-rechtlichen Dienstverhältnis zu entscheiden hat, deshalb entzogen sei, weil sie sich gegen die Gültigkeit eines öffentlichrechtlichen Aktes richten. Mit Recht hat indessen das Berufungsgericht diese Auffassung verworfen. Die Rechtsprechung, insbesondere des Gerichtshofs zur Entscheidung der Kompetenzkonflikte und des Reichsgerichts, ist, wie schon aus der vom Berufungsgerichte gegebenen Übersicht erhellt, von jeher davon ausgegangen, daß, soweit überhaupt vermögensrechtliche Ansprüche von unmittelbaren oder mittelbaren Staatsbeamten aus ihrem Dienstverhältnis im ordentlichen Rechtswege verfolgt werden können, auch der Anstellungsakt durch die ordentlichen Gerichte auf seine Rechtsbeständigkeit, sofern diese bestritten oder sonst zweifelhaft ist, zu prüfen ist, obwohl er ebenso wie die daraus entspringenden vermögensrechtlichen Ansprüche der Beamten ausschließlich öffentlichrechtlicher Natur ist, weil er eben die rechtliche Grundlage des erhobenen Anspruchs bildet. Dabei kann es auch keinen Unterschied begründen, ob die etwaigen Mängel die Form oder den Inhalt des Anstellungsakts betreffen, und in letzterer Hinsicht insbesondere, ob es sich um die rechtliche Statthaftigkeit des objektiven Inhalts oder um etwaige Willensmängel handelt. Deshalb hat sich gegebenenfalls die Prüfung auch auf die Frage zu erstrecken, ob der Wille der Anstellungsbehörde in rechtlich erheblicher Weise durch Irrtum oder arglistige Täuschung beeinflußt worden ist.

Auch die Wissenschaft des Staatsrechts nimmt neuerdings grundsätzlich an, daß die staatsrechtlichen Akte der Einwirkung von Willensmängeln unterliegen, insbesondere auch, wenn sie durch Täuschung oder durch Irrtum hervorgerufen sind, und daß im Verfahren vor den ordentlichen Gerichten die Rechtsbeständigkeit der Verwaltungsakte, aus denen vermögensrechtliche Ansprüche abgeleitet werden, gegebenenfalls gerade auch daraufhin zu untersuchen sind.

Allerdings ist nicht zu verkennen, daß auf diesem Wege zu den regelmäßigen, allgemein anerkannten Beendigungsgründen des Dienstverhältnisses eines Staatsbeamten, wie Tod, Dienstentlassung auf Antrag mit oder ohne Ruhegehalt, Dienstentlassung im Disziplinarverfahren, Kündigung oder Widerruf auf Grund entsprechenden Vorbehalts, noch ein weiterer tritt, der Ausspruch der Unwirksamkeit der Anstellung infolge eines festgestellten wesentlichen Mangels des Anstellungsakts. Dies wird gerade durch den vorliegenden Fall in besonders scharfes Licht gerückt. Hätte die Beklagte von ihrem Standpunkte aus, daß die Anstellung des Klägers nichtig sei, weil sie sich hierbei in einem wesentlichen Irrtume befunden habe oder vom Kläger arglistig getäuscht worden sei und weil sie deshalb die Anstellung angefochten habe, dem Kläger überhaupt jede Gehaltszahlung verweigert und auf seine völlige Nichtbeschäftigung an der Schule hingewirkt, so wäre er tatsächlich auf diesem Wege aus dem Dienste entlassen gewesen. Es braucht indessen hier nicht darauf eingegangen zu werden, wie sich etwa die Dienstentlassung im Disziplinarverfahren zu einer Entlassung verhält, die auf dem soeben erörterten Wege erfolgt. Denn eine Entlassung im Disziplinarverfahren ist im vorliegenden Falle nicht erfolgt, und an sich führt, wie dargelegt, die Folgerichtigkeit mit Notwendigkeit dazu, die Aufhebung des Dienstverhältnisses infolge festgestellter wesentlicher Mängel des Anstellungsakts zuzulassen.

Steht hiernach dem ordentlichen Gericht aus Anlaß der Entscheidung über einen von einem unmittelbaren oder mittelbaren Staatsbeamten aus seinem Dienstverhältnis erhobenen vermögensrechtlichen Anspruch die Prüfung auch der Rechtsbeständigkeit des Anstellungsakts zu, und zwar nach allen Richtungen, insbesondere auch in Ansehung der Wirkung von Willensmängeln, die bei der Anstellung mitgewirkt haben, so kann es bei dem Mangel selbständiger

Vorschriften, die etwa in dieser Beziehung das öffentliche Recht enthielte, keinem Bedenken unterliegen, die auf dem insoweit rechtsähnlichen Gebiete des bürgerlichen Vertragsrechts bestehenden Bestimmungen entsprechend anzuwenden, d. h. soweit dem nicht die besondere Natur der hier in Betracht kommenden öffentlichrechtlichen Verhältnisse entgegensteht. Es müssen daher, um sogleich auf die Behandlung der im vorliegenden Falle allein in Frage kommenden Willensmängel des Irrtums und der arglistigen Täuschung einzugehen, die hierauf bezüglichen Vorschriften des deutschen bürgerlichen Rechtes wenigstens insoweit entsprechend zur Anwendung gebracht werden, als sie die sachlichen Erfordernisse des wesentlichen Irrtums und einer rechtlich bedeutsamen arglistigen Täuschung betreffen. Ob auch die Bestimmungen des bürgerlichen Rechtes über die Art der Geltendmachung dieser Willensmängel und die Einhaltung gewisser Fristen entsprechend anzuwenden sind, oder ob die Anstellung, die auf einem mangelhaften Staatsakte beruht, nur durch einen neuen, die Zurücknahme der Anstellung oder ihre Nichtigkeit aussprechenden Staatsakt rückgängig zu machen ist, bedarf hier keiner Erörterung. Ebenso kann die Frage auf sich beruhen, ob die auf dem einen oder andern Wege erfolgende Aufhebung des Dienstverhältnisses nur für die Zeit von der Erklärung ab wirkt, oder ob sie zurückwirkt auf die seit der Anstellung verflossene Zeit — sog. Wirkung ex nunc oder ex tunc. Denn da im vorliegenden Falle nach den Feststellungen des Berufungsgerichts schon die sachlichen Voraussetzungen eines wesentlichen Irrtums oder einer arglistigen Täuschung nicht erfüllt und diese Feststellungen rechtlich nicht zu beanstanden sind, so ist schon damit die Verwerfung der von der Beklagten erhobenen Einwendungen gerechtfertigt.

Was zunächst den Einwand anlangt, die Beklagte habe sich im Irrtum über die wissenschaftliche Befähigung des Klägers befunden, so kann dabei nur die entsprechende Anwendung des Abs. 2 des § 119 BGB. in Frage kommen, der als Irrtum über den Inhalt einer Erklärung auch den über solche Eigenschaften der Person „gelten" läßt, die im Verkehr als wesentlich angesehen werden. Die Annahmen des Berufungsgerichts in dieser Beziehung sind indessen frei von Rechtsirrtum und die Revision hat dagegen auch keine Angriffe erhoben, vielmehr insoweit nur um Prüfung der

Begründung des Berufungsurteils gebeten. Aber auch die Angriffe, welche sie gegen die Begründung gerichtet hat, mit der das Berufungsgericht die Anfechtung der Anstellung des Klägers wegen arglistiger Täuschung für ungerechtfertigt erklärt hat, können nicht zur Aufhebung des Urteils führen." (Wird näher ausgeführt.)

---

95. Ist das Pfandrecht an dem eingetragenen Rechte des Nacherben eintragungsfähig?

GBO. §§ 19, 52.
BGB. § 2113.

V. Zivilsenat. Beschl. v. 14. Januar 1914 in der Grundbuchsache A. Bl. 216. Rep. V. B. 9/13.

I. Amtsgericht Augsburg.
II. Landgericht daselbst.

Gründe:

„Im Grundbuche von A. Bl. 216 steht für die Hotelbesitzersgattin J. D. eine Buchhypothek von 50000 *M* als mütterliches Erbgut eingetragen. Die Beschwerdeführerin und ihre Geschwister sind betreffs dieser 50000 *M* als Nacherben eingetragen. Nachdem die Beschwerdeführerin in der notariellen Urkunde vom 13. März 1913 dem Rentner B. zur Sicherung eines von ihm gewährten Darlehns von 1000 *M* ihre sämtlichen Nacherbenansprüche, insbesondere auch diejenigen an der bezeichneten Hypothek verpfändet hatte, beantragte sie die Eintragung der Verpfändung. Das Grundbuchamt lehnte den Antrag ab und das Landgericht wies die eingelegte Beschwerde zurück. Das Oberste Landesgericht zu München würde die weitere Beschwerde zurückgewiesen haben, glaubte jedoch hieran durch einen Beschluß des Kammergerichts vom 4. März 1912, abgedruckt in KGJ. Bd. 42 S. 228 flg., daran gehindert zu sein. Das Kammergericht habe dort nämlich das durch Pfändung begründete Pfandrecht an dem Nacherbenrechte für eintragbar erklärt, während es selbst auf dem entgegengesetzten Standpunkte stehe. Es legte deshalb die weitere Beschwerde dem Reichsgerichte vor. Die Voraussetzungen des § 79 GBO. liegen vor. (Wird ausgeführt.)...

Das Kammergericht und das Oberste Landesgericht stimmen in der Annahme überein, daß das Nacherbenrecht zwar ein bereits vorhandenes, veräußerliches und daher auch pfändbares oder verpfändbares Vermögensrecht darstellt, daß es jedoch bis zum Eintritte der Nacherbfolge nur erbrechtliche, nicht auch sachenrechtliche Wirkungen äußert. Demgemäß verneinen auch beide Gerichte, daß die gemäß § 52 GBO. erfolgende Eintragung des Rechtes des Nacherben ein Recht am Grundstück, oder gegebenenfalls an der zur Erbschaft gehörenden Hypothek begründet. Beide haben sodann auch zur Beantwortung der zu entscheidenden Frage den gleichen Weg eingeschlagen. Sie gehen nämlich von § 40 GBO. aus, sind jedoch gerade in Berücksichtigung dieser Vorschrift je zu einem verschiedenen Ergebnis gelangt. Das Kammergericht meint, von der Eintragung eines am Nacherbenrechte bestehenden Pfandrechts werde nicht der Nacherbe betroffen, sondern das eingetragene Recht des Vorerben. Die Eintragung des Pfandrechts sei daher um deswillen zulässig, weil jenes Recht des Vorerben — so ist die Ausführung auf S. 237 Abs. 3 der abgedruckten Entscheidung wohl zu verstehen — jedenfalls als ein eingetragenes Recht im Sinne des § 40 zu gelten habe. Das Oberste Landesgericht ist der Ansicht, daß von der Eintragung des Pfandrechts nicht das Recht des Vorerben, sondern das Recht des Nacherben betroffen werden würde. Die Eintragung könne deshalb nicht erfolgen, weil das Recht des Nacherben nicht „eingetragen", sondern nach § 52 nur „vermerkt" sei. Dieser Vermerk habe nicht die Bedeutung, eine dingliche Berechtigung des Nacherben buchmäßig erkennbar zu machen. Dem Obersten Landesgericht ist zwar darin beizutreten, daß von der Eintragung des Pfandrechts gegebenenfalls nicht das Recht des Vorerben, sondern das Recht des Nacherben betroffen wird; nicht zuzugeben ist aber, daß diese Annahme zu dem daraus gewonnenen Ergebnis führt.

Bei Prüfung der Frage, ob das an einem gemäß § 52 GBO. eingetragenen Nacherbenrechte begründete Pfandrecht eintragbar ist, darf man überhaupt nicht von § 40 Abs. 1 a. a. O. ausgehen. Vielmehr steht im Vordergrunde die Frage nach der Eintragungsfähigkeit des Pfandrechts, und über die Eintragungsfähigkeit gibt § 40 keine Auskunft. Denn seine Aufgabe ist es überhaupt nicht, über die Voraussetzungen der Eintragbarkeit an sich Bestimmung zu treffen; er setzt vielmehr die Eintragbarkeit als gegeben voraus und will nur besagen, und zwar nur als Ordnungsvorschrift, daß die an und für sich zulässige Eintragung „nur dann erfolgen soll, wenn derjenige, dessen Recht durch sie betroffen wird, als der Berechtigte eingetragen ist". Demnach ist der eigentliche Zweck des § 40 Abs. 1 nur ein negativer, nämlich nur der, zu hindern, daß Eintragungen vorgenommen werden, ohne daß das Recht des Betroffenen bereits eingetragen ist. Somit würde auch im vorliegenden Falle § 40 nur insoweit zur Anwendung kommen können, als die Frage auftaucht, ob der Eintragung dieses Pfandrechts, seine Eintragungsfähigkeit vorausgesetzt, der Hinderungsgrund des § 40 entgegenstünde.

Was die zunächst zu entscheidende Frage anlangt, ob das Pfandrecht an und für sich eintragbar ist oder nicht, so ergibt sich die Bejahung aus folgenden Gesichtspunkten. Beiden Gerichten ist allerdings darin zuzustimmen, daß durch die Eintragung des Rechtes des Nacherben für diesen kein Recht am Grundstück oder an der zur Erbschaft gehörenden Hypothek entsteht. Demgemäß wäre es auch unzulässig, das Nacherbenrecht selbständig und unabhängig von der Eintragung des Vorerben einzutragen. Daß ihm eine solche Eintragungsfähigkeit fehlt, ist auch schon gelegentlich in dem Beschlusse des erkennenden Senates Entsch. des RG.'s in Zivils. Bd. 61 S. 379 ausgesprochen worden. § 52 GBO. sieht dementsprechend auch nur vor, daß „bei der Eintragung des Vorerben zugleich das Recht des Nacherben von Amts wegen einzutragen ist". Anderseits aber läßt sich angesichts dieser Vorschrift doch nicht leugnen, daß es sich, wenn die Eintragung erfolgt, um eine Eintragung in der gewöhnlichen Bedeutung dieses Wortes handelt. Dazu von einem bloßen „Vermerke" zu reden, wie das Oberste Landesgericht will, gibt § 52 keinen Anhalt, zumal dem Gesetz eine Unterscheidung zwischen „Eintragungen" und „Vermerken" überhaupt völlig fremd ist. Sollte also im Einzelfalle auch wirklich der Ausdruck „vermerkt" gebraucht sein, so läge doch eine Eintragung im gesetzlichen Sinne vor. Weiter läßt sich aber gemäß § 52 auch nicht in Abrede stellen, daß bei der Eintragung des Rechtes des Nacherben ihr Gegenstand „das Recht des Nacherben ist", mithin also das Recht, welches das Gesetz dem Nacherben überhaupt beilegt, und mit dem Inhalte, wie es insbesondere gemäß § 2113 BGB. hinsichtlich seiner Außenwirkung in Betracht kommt. Endlich aber ist außer Zweifel, daß das Gesetz die gleichzeitige Eintragung des Rechtes des Nacherben gerade zu dem Zwecke vorschreibt, um das Vorhandensein seines Rechtes buchmäßig und öffentlich kund zu tun, so als Gegenmittel gedacht gegen die Gefahren, die für den Nacherben ohne die Eintragung infolge der Grundsätze vom gutgläubigen Erwerbe bestehen würden. Freilich äußert sich mit Rücksicht hierauf das eingetragene Recht des Nacherben nach außen hin nur in Gestalt einer zu Lasten des Vorerben vorhandenen Verfügungsbeschränkung, und zwar derart, daß ihn diese außerstand setzt, das Recht des Nacherben durch solche Verfügungen zu beeinträchtigen, welche gemäß § 2113 BGB. gegenüber dem Nacherben an und für sich unwirksam sein würden.

Trotz dieses eingeschränkten Zweckes der Eintragung muß indes dabei verblieben werden, daß nach dem Gesetze Gegenstand der Eintragung das Recht des Nacherben als solches ist. Auch die Vormerkung begründet kein Recht am Grundstücke (Entsch. des RG.'s in Zivils. Bd. 65 S. 261, Bd. 81 S. 288), sichert vielmehr nur einen Anspruch, und trotzdem stellt sie eine buchmäßige Eintragung dar. Behält man aber im Auge, daß Gegenstand einer nach § 52 GBO. erfolgten Eintragung „das Recht des Nacherben" ist, und hält man zugleich daran fest, daß dieses Recht wirksam veräußert und verpfändet werden kann (Entsch. des RG.'s in Zivils. Bd. 80 S. 377 flg., Gruchot Bd. 52 S. 680), so folgt hieraus, daß im Falle einer solchen Veräußerung oder Verpfändung eine dergestalt veränderte Rechtslage entsteht, daß nunmehr das Recht überhaupt nicht mehr dem Nacherben zusteht, sondern seinem Rechtsnachfolger, oder daß es doch, wenn es sich um eine bloße Verpfändung handelt, von dem Nacherben wenigstens nicht mehr für sich ausgeübt werden kann, solange das Pfandrecht fortbesteht. Insbesondere könnte fortan auch nicht mehr der Nacherbe, sondern nur noch sein Rechtsnachfolger oder sein Pfandgläubiger von den Befugnissen aus § 2113 BGB. Gebrauch machen (Entsch. des RG.'s in Zivils. Bd. 80 S. 377 flg.), und demgemäß wären auch nur noch der Rechtsnachfolger oder der Pfandgläubiger, nicht aber der Nacherbe, wenigstens dieser nicht allein schutzbedürftig. Endlich aber ergäbe sich, daß jetzt der Buchinhalt, falls man der eingetretenen Veränderung nicht im Wege einer Eintragung Rechnung trüge, mit der neuen wirklichen Rechtslage nicht im Einklange stände. Der unveränderte Buchinhalt würde vielmehr den Anschein erwecken, als gälte die Verfügungsbeschränkung noch ausschließlich zugunsten des Nacherben, während dies in Wirklichkeit nicht zuträfe. So könnte der irreleitende Inhalt des Grundbuchs gerade zu den Unzuträglichkeiten führen, denen vorzubeugen die Eintragung, gegenüber den Grundsätzen vom gutgläubigen Erwerbe bestimmt ist (§ 892 BGB.).

Unter diesen Umständen kann es daher dem Willen des Gesetzes nur entsprechen, wenn die Möglichkeit zugestanden wird, den Grundbuchinhalt der veränderten Rechtslage wieder anzupassen und zu diesem Zwecke eine neue, zweckentsprechende Eintragung zu gestatten. Denn darüber läßt sich überhaupt nicht streiten, daß das Gesetz bewußt darauf Bedacht nimmt, den Grundbuchinhalt mit der wirklichen Rechtslage tunlichst in Übereinstimmung zu halten, und daß es zu dem Ende auch einen besonderen Rechtsbehelf, nämlich den der Grundbuchberichtigung gewährt. Sofern eine Unrichtigkeit im dinglichen Rechtszustande in Frage steht, gibt das Gesetz den Rechtsbehelf in der sachrechtlichen Vorschrift des § 894 BGB. Soweit es sich um sonstige Unrichtigkeiten des Buchinhalts handelt, sei es, daß ein Rechtsverhältnis von vornherein unrichtig beurkundet worden, sei es, daß das richtig beurkundete durch nachträgliche Vorgänge rechtsgeschäftlicher Art, namentlich also durch Übertragungen oder Verpfändungen, eine Änderung erfahren hat, gestattet das Gesetz die Berichtigung nach den formalen Regeln der Grundbuchordnung, wie § 22 GBO. der Grundbuchberichtigung als solcher auch ausdrücklich gedenkt. Demgemäß würde sich aber auch die Eintragung der Abtretung oder der Verpfändung des Rechtes des Nacherben nur als eine nach der Grundbuchordnung zugelassene Berichtigung des Buchinhalts darstellen. Dafür, daß solche Berichtigungen ausschließlich bei Eintragungen zulässig wären, wodurch ein Recht am Grundstücke begründet wird, bietet das Gesetz keinen Anhalt. § 19, der die Eintragung von der Bewilligung des Betroffenen abhängig macht, enthält keine derartige Einschränkung, und ebensowenig § 22, der gegenüber dem § 19 eine Ausnahme vorsieht. Auch hier ist vergleichsweise an die Vormerkung zu denken. Wird der durch eine Vormerkung gesicherte Anspruch abgetreten, so geht jene als Nebenrecht des Anspruchs (Entsch. des RG.'s in Zivils. Bd. 52 S. 11) auf den Rechtsnachfolger über und die Eintragung des Wechsels in der Person des Berechtigten ist unbedenklich statthaft. So wird man auch den Eintrag des Rechtes des Nacherben als ein Nebenrecht des letzteren Rechtes auffassen können und die grundbuchmäßige Kundbarmachung der in der Person des Berechtigten eingetretenen Veränderung in ebendem Maße für statthaft halten dürfen.

Bei dieser Auffassung könnte nur noch in Frage kommen, ob die Eintragungsbewilligung der Beschwerdeführerin, die dem Amtsgerichte wie auch dem Landgericht allein vorlag, als Grundlage für Bewirkung der Eintragung ausreichend war. Indes auch diese Frage ist zu bejahen. Denn hier fällt entscheidend gerade der Umstand ins Gewicht, daß nach richtiger Ansicht die Beschwerdeführerin und nur diese im Sinne des § 19 GBO. als die von der Eintragung Betroffene gelten kann. Nach der Anschauung des Gesetzes wird von einer Eintragung stets (§§ 13, 19, 40 GBO.) nur dasjenige Recht betroffen, welches hierdurch eine rechtliche Veränderung erleidet, mithin, wenn man auf die Person des Berechtigten sieht, entsprechend stets nur derjenige, welcher Inhaber des betreffenden Rechtes war (Entsch. des RG.'s in Zivils. Bd. 61 S. 379). Ist sowohl das Recht des Nacherben wie das Recht des Vorerben eingetragen, so erfährt infolge einer Abtretung oder einer Verpfändung des Nacherbenrechts immer nur dieses eine rechtliche Veränderung, wie es auch ausgeschlossen ist, den Vorerben in bezug auf das Recht des Nacherben als den Berechtigten oder Mitberechtigten anzusehen. Nur mittelbar und bloß tatsächlich kann der Vorerbe von der Änderung betroffen werden, insofern es für ihn wirtschaftlich einen Unterschied bedeuten mag, ob er fortan bei Verfügungen an die Zustimmung des Rechtsnachfolgers des Nacherben gebunden ist (§ 2113 BGB.), oder ob er es noch mit dem Nacherben selbst zu tun hat. Eine solche nur tatsächliche Veränderung der Sachlage reicht aber als Merkmal des Betroffenseins keinesfalls aus. Mit Unrecht hält das Kammergericht den vorliegenden Fall für anders geartet, als den einer Übertragung oder einer Verpfändung des Hypothekenrechts. Allerdings stellt die Hypothek ein Recht am Grundstücke dar, während das eingetragene Recht des Nacherben dem Vorerben gegenüber nur die Bedeutung einer Verfügungsbeschränkung hat. Aber es ist nicht einzusehen, wie dieser Unterschied zugleich zu einer verschiedenen Beurteilung der Frage führen könnte, welches Recht gegebenenfalls betroffen wird. Wenn ein Wechsel in der Person des Hypothekengläubigers, wie auch das Kammergericht annimmt, im Sinne des Gesetzes nur den alten Hypothekengläubiger und nicht den Eigentümer und nicht „auch diesen!" trifft, so beruht das auch hier allein darauf, daß leidender Teil in rechtlicher Beziehung ausschließlich der alte Hypothekengläubiger ist, und daß die nur tatsächlichen oder wirtschaftlichen Folgen, die der Wechsel für den Eigentümer mit sich bringen mag, auch hier zur Erfüllung der in den §§ 13, 19, 40 GBO. aufgestellten Voraussetzungen nicht ausreichen. Wird das Recht des Nacherben abgetreten oder verpfändet, so hat das an dem Bestehen der darin enthaltenen Verfügungsbeschränkung in rechtlicher Hinsicht keinerlei Veränderung zur Folge; die Rechtslage des Vorerben bleibt daher nach wie vor die nämliche wie sie ursprünglich war, und daher kann auch bei dem Vorerben eine Befugnis zur Einwilligung in die Grundbuchsberichtigung gar nicht in Frage kommen. Vielmehr ist nicht zu bezweifeln, daß diese Befugnis gemäß § 19 GBO. hier ebenfalls der Beschwerdeführerin und ihr allein zusteht.

Das einzige Bedenken gegen die Anwendbarkeit des § 19 GBO. auf den gegebenen Fall könnte in der anderen Frage liegen, ob das Gesetz unter dem Worte „Recht" a. a. O. nicht dennoch — entgegen der früheren Ausführung — unbedingt nur ein dingliches Recht verstanden wissen will, und ob es demgemäß nicht auch die Befugnis zur Einwilligung im Sinne des § 19 immer nur dem zusprechen will, der bei einem dinglichen Rechte als der Betroffene erscheint. Auch dieses Bedenken kann jedoch im gegebenen Falle als stichhaltig nicht anerkannt werden. Mag auch das Gesetz bei dem Ausdrucke „Recht" im Gebiete des Liegenschaftsrechts regelmäßig nur ein Recht dinglicher Art im Auge haben, so ist doch zu erwägen, daß das Gesetz in § 52 GBO. ausdrücklich die Eintragung des „Rechtes" des Nacherben vorschreibt und daß es mithin auch diesem Rechte mittelbar die Eigenschaft eines eingetragenen Rechtes beilegt. Daher erscheint es keineswegs als folgewidrig, wenn man annimmt, daß es dem Gesetz entspricht, dem eingetragenen Nacherben auch die Befugnis zuzugestehen, die einem betroffenen Berechtigten sonst gemäß § 19 GBO. gebührt. Jedenfalls aber muß es gestattet sein, die angezogene Vorschrift hier entsprechend anzuwenden. Es läßt sich schwerlich annehmen, daß das Gesetz die Befugnis, die Eintragung von Rechtsänderungen zu bewilligen und herbeizuführen, ausschließlich bei dinglichen Rechten hätte gewähren wollen. Das entspräche nicht der bereits dargelegten Absicht des Gesetzes, zu ermöglichen, daß eine stete Übereinstimmung zwischen dem Buchinhalt und der wirklichen Rechtslage bewirkt wird. Auch dem Vormerkungsberechtigten wird man selbst von dem Standpunkt aus, daß in der Vormerkung kein dingliches Recht zu erblicken sei, das Recht nicht absprechen wollen, im Falle der Abtretung des geschützten Anspruchs die Eintragung des Personenwechsels zu bewilligen.

Folgt man den dargelegten Rechtsanschauungen, so ergibt sich schließlich auch, daß der Berücksichtigung des von der Beschwerdeführerin gestellten Antrags ein Hindernis aus § 40 GBO. nicht entgegenstand. Für sie war das Recht bereits eingetragen, und ihr Recht wird auch im Sinne des § 40 von der Eintragung betroffen. Es mußte somit der weiteren Beschwerde stattgegeben werden."

Register.

Die beigesetzten Zahlen beziehen sich auf die Seiten.

A. Sachregister.

A

G

H

S

B. Gesetzesregister.

1. Reichsgesetze.

b. Einführungsgesetz zum Bürgerlichen Gesetzbuche.

c. Allgemeines Deutsches Handelsgesetzbuch (a. F.).

2. Landesrecht.

Baden.

Preußen.

a. Allgemeines Landrecht.

b. Einzelne Gesetze und Verordnungen.

Württemberg.

3. Ausländisches Recht.

Frankreich.

Code civil.

C. Zusammenstellung der Entscheidungen nach der Zeitfolge.

Zusammenstellung

der

im dreiundachtzigsten Bande, der neuen Folge dreiunddreißigsten Bande,

mitgeteilten Entscheidungen

nach

Oberlandesgerichtsbezirken.

Berichtigungen.

Achtzigster Band.

S. 347 Z. 16 v. o. statt „waren" lies „wären".
„ 349 „ 5 v. u. statt „Schulvorstand" lies „Schulverband".

Zweiundachtzigster Band.

S. 368 Z. 16 v. o. statt „niederen" lies „weiteren".

Dreiundachtzigster Band.

S. 96 Z. 5 v. u. statt „eine" lies „seine".
„ 184 „ 12 v. u. nach „§ 408" einzuschalten „BGB.".
„ 254 „ 7 v. o. statt „§§ 2218, 2221" lies „§§ 2118, 2121".
„ 279 „ 7 v. o. statt „aber" lies „war".
„ 287 „ 18 v. u. statt „Beklagten" lies „Klägerin".
„ 380 „ 21 v. o. statt „rechtsunwirksam" lies „rechtswirksam".
„ 382 „ 18 v. u. statt „Dritten" lies „anderer".
„ 384 „ 7 v. o. statt „§ 28" lies „§ 18".

Entscheidungen

des

Reichsgerichts.

Herausgegeben

von

**den Mitgliedern des Gerichtshofes
und der Reichsanwaltschaft.**

Entscheidungen in Zivilsachen.

Neue Folge.

Dreiunddreißigster Band.

Der ganzen Reihe dreiundachtzigster Band.

Leipzig,
Verlag von Veit & Comp.
1914

Entscheidungen

des

Reichsgerichts

in

Zivilsachen.

Neue Folge.

Dreiunddreißigster Band.

Der ganzen Reihe dreiundachtzigster Band.

Leipzig,
Verlag von Veit & Comp.
1914

Druck von Metzger & Wittig in Leipzig.

Inhalt.

I. Bürgerliches Recht.

Reichsrecht.

II. Öffentliches Recht.

III. Gerichtliches Verfahren.

FSC
www.fsc.org
MIX
Papier | Fördert
gute Waldnutzung
FSC® C083411

Kolibri 360 GmbH
Ferdinand-Jühlke-Straße 7
99095 Erfurt, Deutschland
produktsicherheit@kolibri360.de